첫 비행기 타고 훌쩍 떠난
제주올레 트레킹

첫 비행기 타고 훌쩍 떠난 제.주.올.레. 트.레.킹.

심산스쿨의 심산이 쓰고
김진석이 찍다

바다출판사

작가의 말

훌쩍 떠나 걸은 길들의 기록

제주도가 가까워졌다. 실제의 제주도는 서울에서 가장 멀리 떨어져 있는 섬이지만 느낌 속의 제주도는 그보다 훨씬 가깝다. 두말할 나위도 없이 최근 급부상한 저가 항공들 덕분이다. 김포공항에서 제주공항까지는 한 시간이 채 안 걸린다. 덕분에 제주도는 부산보다 가깝게, 심지어는 대전보다도 더 가깝게 느껴진다. 항공 요금이 비싸다면 그림의 떡이다. 하지만 나처럼 정규적인 직장생활을 하지 않는 사람의 경우, 이른바 성수기도 비껴가고 출퇴근 시간도 비껴간다면, 왕복 비행기 티켓을 4만 원 이하로 구입할 수 있다. 예전 같았으면 꿈도 꾸지 못했을 이야기다. 돈을 지불하면서도 오히려 돈을 번 것만 같아 꽤히 입이 헤

벌쭉 벌어진다.

하지만 시간과 비용이 줄어들었다고 해서 제주도가 가까워졌다고는 할 수 없다. 그곳에 볼일이 있지 않는 한 시간과 비용 따위가 다 무슨 소용이란 말인가. 그런데 제주도에 볼일이 생겼다. 바로 제주올레다. 제주올레가 이루어낸 놀라운 성취를 논하자면 책 한 권으로도 모자랄 것이다. 여기서는 그저 단 하나의 심플한 사실만을 기록해 놓기로 하자. 제주올레가 있어 제주도에 간다. 제주올레는 제주도에 관심이 없던 사람들을 제주도로 끌어모았다. 그 사실 하나만으로도 제주올레의 존재 가치는 충분하다.

자, 이제 사태는 자명해진다. 제주도에 갈 일이 생겼다. 제주올레 길이 열린 것이다. 가는 데 걸리는 시간은 짧다. 가는 데 드는 비용도 적다. 그렇다면 아침 일찍 일어나 배낭 하나 들쳐 메고 훌쩍 떠나지 않을 이유가 무엇이란 말인가. 지난 수년 동안 내게 일어난 가장 큰 변화가 이것이다. 아침에 눈을 뜬다. 걷고 싶다. 바다를 보고 싶다. 싱싱한 회를 먹고 싶다. 그렇다면 가자. 아침 첫 비행기를 잡아타고 제주도로 훌쩍 떠나자. 이 책 《첫 비행기 타고 훌쩍 떠난 제주올레 트레킹》은 그 즐거웠던 여행들의 기록이다.

최근 3년 동안 내가 제주도에 머물렀던 시간을 얼추 계산해 보니 거의 반년 가까이 된다. 그야말로 툭하면 제주도로 내려가 멍하니 노닥거리다가 하염없이 걸어 다녔던 셈이다. 마음에 맞는 붙박이 숙소를 정하고 나니 계획 따위도 필요 없다. 그냥 무작정 그곳으로 간다. 어떤 날은 하루 종일 낮잠을 자고, 또 어떤 날은 자전거 타기와 낚시에 빠져 그냥 흘려보낸다. 오랜만에 옛날 소설들을 들춰 보기도 하고 아이팟에 저장되어 있기는 하나 한번도 안 들어 본 노래들을 비로소 감상해 보기도 한다. 하지만 가장 즐거웠던 것은 역시 제주올레를 걷는 일이다.

제주올레 길에는 일련번호가 붙어 있다. 하지만 굳이 순서에 따라 걸을 필요는 없다. 아무렇게나 걸어도 그만이다. 제주올레 길에는 순방향과 역방향이 있다. 하지만 역시 순방향만을 고집할 필요는 없다. 역방향으로 걸으면 왜 안 된단 말인가. 한 코스의 중간쯤에서 다른 코스의 중간쯤으로 사선을 그으며 넘어가도 그만이다. 한마디로 표현하자.

올레는 자유다. 아무렇게나 걸어도 좋지만 걷지 않아도 좋다. 걷다가 그만두어도 되고 쉬었다가 다음 날 이어 걸어도 된다.

제주올레가 언제나 그곳에 똑같은 모양으로 남아 우리를 기다리고 있는 것도 아니다. 제주올레는 시시각각 변한다. 같은 길이라도 아침의 올레와 저녁의 올레는 다르다. 햇살 따사로운 날의 올레와 비바람 몰아치는 날의 올레는 사뭇 다르다. 하물며 봄에 걸은 올레길과 겨울에 걸은 올레길이 같을 리 없다. 그 변화무쌍하고 천변만화하는 제주올레를 글이나 사진에 담아 책으로 옮겨 놓겠다는 것은 애당초 불가능한 시도였는지도 모른다.

하지만 나는 글을 썼다. 일련번호를 따라 순방향으로, 처음부터 끝까지. 매 코스마다 할당된 원고 매수도 많지 않다. 도대체 이 허섭하고 짧은 글들로 제주올레의 전체를 담아낼 수 있다고 믿었단 말인가. 가당치도 않다. 아마도 〈제민일보〉의 원고 청탁이 없었더라면 결코 시도조차 해보지 않았을 형식이요 내용이다. 책으로 묶어 내기 위하여 처음부터 끝까지 주욱 훑어보니, 흡사 조각배에 타고 앉아 이 세상의 모든 바다를 다 보았노라고 허풍을 떨어대는 어린아이의 꼬락서니와 다를 바 없는지라, 낯이 뜨거워질 뿐이다.

그럼에도 불구하고 이 책을 펴내는 이유는 오직 하나, 함께 걸었던 사람들 때문이다. 제주올레의 풍광은 훌륭하다. 제주올레가 품고 있는 역사의 자취 또한 장엄하다. 하지만 내게 있어 가장 소중한 것은 그 길을 함께 걸었던 사람들이다. 매 코스별 에세이들을 다시 읽어 보니 그

안에 사람들이 보인다. 내게 있어 제주올레는 그 길을 함께 걸었던 사람들로 기억된다. 제주올레를 걸으면서 처음 만난 사람들도 있다. 하지만 대부분은 심산스쿨을 통하여 인연을 맺게 된 지인들이다.

뻔히 알고 있던 사람들의 배경만 제주올레로 바뀐 것은 아니다. 풍광과 체험은 사람을 변화시킨다. 길은 함께 걷는 사람의 내면 깊숙한 곳을 들여다보게 한다. 알고 지냈다고는 했으나 실은 단지 면식이 있을 뿐이었던 사람을 길 위에서 새롭게 발견한다. 이 또한 제주올레의 힘이다. 그들이 없었다면 나는 제주올레를 걷지 않았을지도 모른다. 그들이 없었다면 이 책은 세상에 나오지 않았을지도 모른다. 이 책의 저자를 한 개인이 아니라 심산스쿨이라 한 것은 그런 까닭이다.

제주올레에 관한 책들은 이미 너무 많이 출간되어 있다. 그럼에도 불구하고 이 책이 가질 수 있는 존재 가치란 어떤 것일까를 생각해 봤다. 다음의 몇 가지 항목들을 이 책의 특징으로 꼽을 수 있을 듯하다.

첫째, 현재까지 개통되어 있는 제주올레의 모든 코스를 다루었다. 현재 제주올레는 18개의 정규코스와 5개의 변주코스(1-1, 7-1, 10-1, 14-1, 18-1) 등 총 23개의 코스 총연장 376.1킬로미터로 이루어져 있다. 제주올레는 앞으로도 계속 새 길을 열어갈 것이다. 제주올레가 하나의 완벽한 폐곡선을 그리며 완성될 즈음이면 이 책 역시 개정증보판을 낼 것이다.

둘째, 제주올레의 사계절을 모두 담고 있다. 기존의 제주올레 관련 책들은 대부분 짧은 기간 동안 집중적인 취재를 하여 집필된 반면, 이 책은 3년 가까운 기간 동안 세월아 네월아 하며 진행된 '느린 여행의 기록'인 것이다. 특히 제주올레의 사계절을 모두 담아낸 사진들은 이 책만의 장점이다.

셋째, 건조한 여행코스 안내서보다는 감각적인 여행에세이에 가깝다. 제주올레 트레킹에 관련된 정보들은 이미 시중에 넘쳐나고 지금 이 시각 현재에도 계속 업데이트되고 있는 중이다. 그런데 이 책은 정보보다는 정서를 다룬다. 길 그 자체보다는 사람들과 그들의 감성에 초점을 맞춘 것이다. 매 코스마다 한 편의 맛깔난 에세이를 독자들에게 제공해줄 수 있다면 글쓴이는 행복해할 것이다.

사진작가 김진석에 대한 특별한 애정을 고백해 두고 싶다. 이 책의 집필과 출간 과정 동안 누구보다도 큰 변화를 겪었던 사람은 바로 김진석이다. 그는 '걷지 않는 사람'에서 '걷는 사람'으로 바뀌었다. 이 역시 제주올레의 힘이다. 그의 사진이 있어 허름한 글 뒤로 광채가 빛나게 되었다.

함께 걸었던 모든 사람들에 대해서도 우정과 사랑의 인사말을 건넨다. 게스트하우스 사이의 최운국 사장을 비롯하여 제주에서 인연을 맺게 된 모든 이들에게도 깊이 고개 숙여 감사의 말씀을 올린다. 심산스쿨에서 맺은 인연을 제주올레에까지 연장시켜준 친구들에 대해서는 두말할 나위도 없다.

제주올레는 살아 움직이는 하나의 생명체이다. 지금 이 순간에도 끊임없이 몸을 움직여 길을 내고 있다. 서명숙 이사장을 위시하여 사단법인 제주올레의 모든 일꾼들의 노고에 오직 감사할 따름이다.

  이 책의 출간으로 나의 제주올레 트레킹 역시 하나의 매듭을 짓게 되었다. 하지만 시작은 있되 끝은 없는 것이 이 길이다. 이미 걸었던 길도 다시 한번 걸어 보리라. 아직 뚫리지 않은 길도 내 멋대로 걸어 보리라. 그래서 어느 날 아침 눈을 떴을 때, 문득 바다와 오름과 정겨운 이웃들이 그리워진다면, 주저 없이 배낭을 메고 길을 나서리라. 공항으로 달려가 아침 첫 비행기를 타고 제주올레로 훌쩍 떠나는 상상만으로도 오늘 하루는 행복하리라.

2011년 5월
서울 신촌 노고산 아래에서
심산

차례

작가의 말 훌쩍 떠나 걸은 길들의 기록…5
제주올레에 들어서며 길은 그리움이다…17

그 아름답고 서글프고 가슴 저린 풍경 속으로…27
1-1코스 우도…제주올레 맛보기 좋은 축소 복사판

제주도민들만이 풀어 놓을 수 있는 이야기…37
1코스 시흥~광치기…제주올레의 스토리가 시작된 곳

귤 하나와 게 한 마리에 가슴이 따뜻해진다…46
2코스 광치기~온평…삼신인이 신접살림을 차린 곳

걷다 보면 어느새 사라져 버린다…55
3코스 온평~표선…두모악에 그가 있었네

사랑이란 대가 없이 주는 것…65
4코스 표선~남원…모두가 함께 만들어 가는 길

더 느리게 살아야 돼 ··· 74
5코스 남원~쇠소깍 ··· 와인을 홀짝, 물회를 후루룩

삶은 외롭고 서글프고 그리운 것 ··· 83
6코스 쇠소깍~외돌개 ··· 이중섭의 길

사라져 가는 것들에 대한 그리움 ··· 92
7-1코스 월드컵경기장~외돌개 ··· 아스팔트길 아래로 사라져 가는 구불구불 흙길들

사랑하지 않을 도리가 없다 ··· 102
7코스 외돌개~월평 ··· 바닷가 우체국에서 엽서를 쓴다

판타지 영화의 한 장면처럼 ··· 113
8코스: 월평~대평 빌딩한 청춘들과 가장 어울리는 길

그 비경들 안에 고통이 녹아 있다 ··· 124
9코스 대평~화순 ··· 할매 절벽과 추사 계곡

봄바람에 일렁이는 청보리 물결 ··· 132
10-1코스 가파도 ··· 남 몰래 아껴 두었던 보물

사람들 사이에 길이 있다 … 140
10코스 화순~모슬포 … 사람과 사람 사이

아름다울수록 상처는 깊다 … 151
11코스 모슬포~무릉 … 삶과 죽음이 공존하는 역사 올레

힘찬 근육 위로 땀을 뿜으며 … 161
12코스 무릉~용수 … 지극히 '육체적인' 길

제주올레는 축제다 … 169
13코스 용수~저지 … 소박하고 귀여운 이름의 길들

오직 영원한 것은 저 생명의 푸른 나무들뿐 … 176
14-1코스 저지~무릉 … 영화 속 환상의 초록길

남겨진 와인 속에 담긴 추억 … 187
14코스 저지~한림 … 홀로 부슬비를 맞으며 걷던 그 길

작은 산이 큰 산을 가린다 … 196
15코스 한림~고내 … 고내에 올라 한라를 보다

길 위에서 에스프레소를 구하다 ··· 205
16코스 고내~광령 ··· 35년 묵은 다정한 친구와 걷는 길

제주올레, 박물관에서 걷다 ··· 215
17코스 광령~산지천 ··· 이제는 성찰이 필요한 시간

올레에서 올레로, 섬에서 섬으로 ··· 223
18-1코스 추자도 ··· 마흔번개를 맞이하듯

그리고 올레는 계속된다 ··· 232
18코스 산지천~조천 ··· 마지막인 동시에 시작인 길

나오며 제주올레에 바진다 ··· 243
부록 제주올레 트레킹 가이드북

제주올레에 들어서며

길은 그리움이다

길, 이라는 말을 들으면 맨 먼저 떠오르는 이미지가 있다. 《광대타령》이었는지 《들병이》였는지는 기억나지 않는다. 전후좌우의 자세한 맥락 역시 잊어버렸다. 어찌 되었던 방학기의 만화다. 시대는 아마도 조선 말기쯤 된다. 그 이미지 속의 유일한 인물은 들병이다. '들병이'란 술병(아마도 호리병)을 들고 다니며 술을 파는 아낙을 뜻한다. 물론 술만 팔았던 것은 아니다. 멍석 따위를 둘둘 말아 괴나리봇짐처럼 이고 지고 다니다가 발정 난 수캐마냥 치근덕대는 남정네를 만나면 술도 팔고 몸도 파는 것이다.

그런 들병이가 진정으로 사랑하는 남자를 만났다. 그 남자의 직업

은 아마도 광대였지 싶다. 방랑이 본색인 두 남녀가 한 살림을 차린다. 두 사람의 신혼생활은 달콤하고 다정하고 뜨거웠다. 본래 '놀아본' 사람일수록 가정에 충실하려 애쓰는 법이다. 들병이 역시 제 서방을 위하여 밥을 하고 찌개를 끓이고 빨래를 해서 너는, 그 모든 일상들이 전율이 느껴질 만큼 행복하다. 아무 문제도 없어 보인다. 이제 그들은 한 곳에 정착한 지아비, 지어미로서 행복하게 살아가기만 하면 된다.

문제의 그 장면은 남자가 집을 비운 사이에 등장한다. 아무리 서로를 사랑한다고 해서 손가락만 빨면서 살 수는 없다. 남자는 돈을 벌어오기 위하여 집을 나선다. 아마도 광대질을 하러 떠난 것이리라. 살갑고 애틋한 미소로 남편을 배웅한 들병이는 이내 집 앞 텃밭에 쪼그리고 앉아 푸성귀 따위를 손질하고 있다. 전통적인 아내의 모습이다. 질끈 동여맨 머리 수건 아래로 성실한 노동의 땀방울이 돋는다. 흙 묻은 손등으로 땀방울을 찍어 내는 그녀의 손놀림마저 행복에 겨운 춤사위처럼 아름답다.

그런데 그때였다. 무심코 고개를 든 그녀의 시야에 봐서는 안 될 것이 불쑥 들어온다. 길이다. 그냥 길이다. 시골 마을 어디에서나 볼 수 있는 그저 그런 길이다. 평범하기 이를 데 없는 길이다. 때마침 봄이었다. 그 길 위로 아지랑이가 피어오른다. 가물대는 아지랑이 너머로 길은 끝 간 데 없이 펼쳐지다가 가뭇없이 사라진다. 르네상스시대의 원근화법에서 보이는 바로 그런 길 말이다. 순간 그녀는 예기치 못한 신열에 들뜬다. 잇고 살았던 피톨이 온몸을 휘감고 돌아 이마에서 연기가 피어오른다. 불행의 예감에 그녀는 질끈 눈을 감아 버린다. 그리고 손보던 푸성귀에 온 신경을 집중하려 애쓴다. 그러나 틀렸다. 너무 늦었다. 그녀는 길을 보아 버린 것이다. 들병이는 무심하고 홀린 듯한 표정으로 다시 길 저편을 바라본다. 그러다 문득 당연하다는 듯 호미를 던져 버리고 흙먼지를 툭툭 털어낸 다음 그 길을 향해 발걸음을 떼어 놓기 시작한다.

그녀는 광대인 남편을 진심으로 사랑한 게 아니었던가? 그렇지 않다. 사랑했다. 그녀가 '논다니' 출신이라는 것이 치명적인 약점이었을까? 나는 그렇게 생각하지 않는다. 그녀는 현재 그곳에서 살고 있는 자신이 불행하다고 느껴서 떠나기로 결심한 걸까? 그렇지 않다. 단언컨대 진심으로 사랑하는 사내와 한 살림을 차리고 정착하여, 그가 돈을 벌러 집을 비운 사이 마당의 텃밭을 손질하고 있던 바로 그때가 그녀의 생애에서 가장 행복한 순간이었을 것이다. 그럼에도 불구하고 그녀는 왜 호미와 더불어 남편도 집도 행복도 모두 버리고 무작정 그 길로 정처 없이 걸어 나가고야 말았을까? 답변이 쉽지 않다. 조리 있게 설득해 내기가 어렵다. 하지만 나는 그녀를 이해할 수 있을 듯하다. 길이라는 말을 들으면 나는 언제나 호미를 든 채 멍하니 아지랑이 너머를 바라보던 들병이를 떠올린다.

무라카미 하루키의《국경의 남쪽, 태양의 서쪽》에도 비슷한 이야기가 나온다. 시베리아의 농부들에게서 이따금씩 발견되는 어떤 증세인데 하루키는 그것을 '시베리아병病'이라고 불렀다. 시베리아는 허허벌

판이다. 그곳에서의 농부의 삶이란 단조롭기 그지없다. 해가 뜨면 밭에 나가 일을 한다. 해가 질 때쯤이면 밭일을 정리하고 집으로 돌아온다. 그뿐이다. 그의 할아버지도 그랬고 그의 아버지도 그랬고 그 역시 그러한 삶을 살고 있다. 해 질 때가 되면 밭 위에 선 농부의 그림자가 길어진다. 그즈음 되면 지는 해를 힐끔힐끔 바라보기 마련이다. 지는 해란 그들에게 하루의 노동이 끝나감을 알리는 시계이기도 한 것이다.

평생 묵묵히 그런 삶을 살아오던 농부가 어느 날 문득 농기구를 툭 던져 놓고는 해가 지는 곳을 향하여 걷기 시작한다. 아내와 아이들에게 작별인사를 고하지도 않는다. 재산 따위는커녕 마실 물이나 먹을 음식조차 챙기지 않는다. 그냥 어느 날 갑자기 '태양의 서쪽'을 향하여 걷기 시작하는 것이다. 언제까지? 죽을 때까지. 그는 걷다가 허기와 추위에 지쳐 죽을 때까지 계속 걷는다. 걷는 동안 단 한 번도 '태양의 동쪽'을 향하여 발길을 돌리지 않는다. 그것이 시베리아병이다. 그래서 시베리아 벌판에서는 아무것도 몸에 지니지 않은 채 서쪽을 향하여 머리를 두고 죽어 있는 이름 없는 농부의 시신들이 곧잘 발견된다고 한다.

무라카미 하루키가 지어낸 이야기인지, 실제로 그런 병이 존재하는지, 아니면 시베리아 지방 전래의 소문인지 나는 모른다. 명확한 출전을 밝히거나 사실의 진위 여부를 가리려 시도해볼 생각도 없다(이런 태도는 이 책 전체를 관통하고 있다. 독자 제현의 너른 양해를 구한다). 중요한 것은 이 이야기가 내 가슴에 저릿한 울림을 주었다는 것이다. 그럴 수도 있겠다. 이해가 된다. 내가 시베리아의 농부였다면 그럴 수도 있을 것 같다. 비장한 결심이나 명확한 목표의식 따위는 필요 없다. 그저 낡은 실밥이 툭 끊어지듯 어느 날 갑자기 태양의 서쪽을 향하여 터벅터벅 걸어가는 것이다. 가슴 벅찬 희망도 없이, 고통에 일그러지는 표정도 없이, 그저 무심히 발걸음을 옮길 수도 있을 것 같다.

들병이나 시베리아의 농부는 행복을 찾아가거나 고통을 잊기 위하여 길을 나선 것이 아니다. 이 점에서 〈파리, 텍사스〉에 나오는 트래비스(해리 딘 스탠튼)와 다르다. 그는 어느 날 갑자기 가출해 버린 젊은 아내(나스타샤 킨스키)의 부재가 가져온 고통을 이길 수 없어 무작정 걷기 시작한 남자다. 그것은 자발적 고행이며 치유 혹은 망각을 위한 고통의 몸부림이다. 그것 또한 길임에는 틀림없으나 내가 가지고 있는 본원적인 이미지의 길과는 사뭇 다른 성질의 것이다. 내가 생각하는 길은 차라리 로버트 플랜트가 〈스테어웨이 투 헤븐〉에서 노래한 그런 길이다. "서쪽을 볼 때마다 영혼은 떠나고 싶어 울부짖는다(There's a feeling I get when I look to the west, and my spirit is crying for leaving)"는 바로 그런 길.

그 길을 무엇이라 명명해야 옳을까? 알 수 없다. 우리는 아니 나는 왜 길을 보면 하염없이 걷고 싶어지는 것일까? 모르겠다. 길 저편의 그 무엇이 우리를 끌어당기는 것일까. 길 저편 너머에는 행복이라는 것이 기다리고 있을지도 모른다고 생각하기에는 나이를 너무 먹어 버렸다. 길 저편의 세상은 이곳보다 더 아름답고 근사할 것이라고 상상하기에는 돌아다녀본 곳이 너무 많다. 그럼에도 불구하고 왜 길을 보면 가슴이 설레는가. 어쩌면 길 저편의 그 무엇이 아니라 길 자체가 우리를 끌어당기고 있는 것일지도 모른다. 그렇다면 길에는 무엇이 있는가. 어떤 곳에 이르기 위한 수단이 아니라 길 그 자체가 목적이라면, 그렇다면 길은 우리에게 무엇인가.

    길은 그리움이다. 나는 그렇게 생각한다. 내게는 길을 달리 설명할 방법이 없다. 길은 그리움이다. 그리움임에는 확실하되, 무엇을 향한 그리움인지는 여전히 모르겠다. 머리를 길게 빗어 내리는 여인을 향한 그리움도 아니고, 초고층 주상복합 단지가 들어선 편리한 도시를 향한 그리움도 아니고, 대자연이나 초월적이고 종교적인 존재를 향한 그리움도 아니다. 길을 마주하면 두려움과 설렘이 인다. 하지만 기어코 그 길을 향해 발길을 내딛게 하는 것은 결국 그리움이다. 나는 그것을 본원적인 그리움이라고 부른다. 여기 자신이 무엇을 그리워하는지도 모르는 자가 길 앞에 서 있다. 이미 늦었다. 돌이킬 수 없다. 들병이가 호미를 던진다. 농부가 집을 등진다. 록커가 울부짖는다. 나는 걷기 시작한다.

첫 비행기 타고 훌쩍 떠난
제주 올레 트레킹

그 아름답고 서글프고
가슴 저린 풍경 속으로

: 1-1코스 우도···제주올레 맛보기 혹은 축소 복사판

모든 일에는 시작이 있는 법

　제주올레의 모든 코스를 걸었다. 어떤 코스는 역방향으로도 걸었고 또 다른 코스는 세 번이나 걸었다. 따사로운 봄볕을 만끽하며 걷기도 했고 몰아치는 비바람에 어깨를 잔뜩 웅크리고 걷기도 했으며, 낙엽이 떨어지기 시작하는 길을 걷기도 했다. 틈날 때마다 제주올레를 쏘다니는 내게 사람들이 묻는다.

　"어떤 코스가 제일 좋아요?"
　"이틀밖에 시간이 없다면 어디를 걸어야 할까요?"

우도에서 바다 너머로 바라보는 제주도의 풍광은 특별하다

올레를 걷다 보면 마실 나온 동네 어르신들과도 정담을 나누게 된다

난감한 질문이다. 답변을 발설하는 순간 틀리기 십상인 질문인 것이다. 그것은 이를테면 이런 질문과도 같다.

"20대 시절이 좋았나요? 40대 시절이 좋았나요?"

20대 시절은 20대여서 좋고 40대 시절은 40대여서 좋다. 동시에 20대 시절은 20대여서 불행했고, 40대 시절은 40대여서 불행하다. 요컨대 모든 시절에는 나름대로의 행복과 불행이 있는 것이다. 길 또한 이와 다르지 않다. 우리는 그것을 개성이라고 부른다.

제주올레의 모든 코스에는 나름대로의 개성이 있다. 어떤 코스는 화려한 아름다움을 뽐내고 또 다른 코스는 진지한 고뇌를 불러온다. 그런데 과연 아름다움이 고뇌보다 좋은 것인가? 꼭 그렇지는 않다. 다만 다를 뿐이다. 그래서 나는 이렇게 대답한다.

"모든 코스가 다 좋아요. 그리고 모두 다르지요. 같은 코스라도 어떤 계절과 어떤 날씨에 어떤 방향으로 걷느냐에 따라 완전히 달라요. 가능하다면 제주에 오래 머무르시면서 한 코스, 한 코스 음미해 보시는 게 좋아요."

하지만 모든 일에는 시작이 있는 법이다. 당신은 제주올레를 모두 걸어 보려 한다. 그렇다면 어느 한 코스에서 출발해야 한다. 사정이 그러하다면 나는 주저 없이 우도올레를 추천하련다. 이유는 간단하다. 우도올레는 제주올레의 맛보기 혹은 축소 복사판인 까닭이다.

배를 타고 들어가 섬을 한 바퀴 걷는다

제주올레는 '걸어서 제주 한 바퀴'를 목표로 한다. 이 길이 완성되면 출발점으로 되돌아오는 '아름다운 폐곡선'이 만들어질 것이다. 동쪽 끝의 시흥초등학교에서 시작된 이 길은 현재 북쪽 끝 제주시의 만세동산까지 모두 18개의 코스로 이루어져 있다. 번외 코스 다섯 곳을 합치면 23개의 코스가 된다. 이 길은 그러므로 아직 미완성이다. 대략 3개월마다 한 코스씩 길을 내고 있으므로 아마도 완벽한 폐곡선을 이루기까지는 1~2년이 더 소요될 것이다. 우도올레는 조만간 완성될 이 제주올레의 폐곡선을 선 체험할 수 있는 코스다. 즉 자신이 첫 발자국을 뗀 바로 그곳에 마지막 발자국을 겹쳐 넣을 수 있는 곳이다.

우도올레에는 제주올레의 모든 것이 축약된 형태로 집중되어 있다. 제주도는 한반도에서 가장 큰 섬이다. 섬에는 배를 타고 들어가야 제격이다. 하지만 우리는 제주도를 방문할 때 주로 비행기를 이용한다. 바다를 가로질러 섬에 들어간다는 느낌이 반감되는 것이다. 하지만 제주도에서 우도로 들어갈 때는 배를 이용하지 않을 방법이 없다. 우도는 제주도에 딸린 62개의 섬들 중에서 가장 큰 섬이다. 우리는 성산항에서 배를 타고 이 섬으로 진입한다. '배를 타고 들어가 섬을 한 바퀴 걷는다.' 이것이야말로 우도올레의 정체성이자 매력이 아닐 수 없다.

폐곡선을 걸을 때의 장점은 어느 지점에서 시작해도 무방하다는 것이다. 성산항에서 배를 타면 우도의 천진항이나 하우목동항으로 들어

간다. 어느 곳에서건 곧바로 올레를 시작할 수 있다. 우도올레의 총연장이 16킬로미터에 불과하니 걸음이 빠른 사람이라면 4시간 만에 완주를 한 다음 다시 배를 타고 나올 수도 있으리라. 하지만 단지 '발도장을 찍기 위하여' 우도에 간다면 그보다 더 어리석은 짓도 없다. 왜 그리 서두르는가? 우도는 단지 4시간짜리 워킹 트랙을 선사하기 위하여 존재하고 있는 섬이 아니다. 그곳에는 사람이 있고 풍광이 있고, 역사가 있고 생활이 있다.

우도에 숙소를 정하라. 그 작은 섬에 뭐 볼 게 있느냐고 반문한다면 당신은 제주올레를 걸을 자격이 없다. 나는 우도에서 일주일을 머물렀다. 매일매일이 새로운 날이었다. 정 바쁘다면 하루라도 머물러라. 우도에서 해가 지고 달이 뜨고 별이 지는 것을 보아야 한다. 우도에서 바다 저 켠의 성산일출봉에 아침 햇살이 비추는 장관을 바라보아야 한다. 우도올레는 어디에서 시작하는가? 당신의 숙소 앞 고샅길로 나서면 그곳이 바로 우도올레다.

나는 우도에 들어갈 때 가능하면 막배를 탄다. 운이 좋으면 배 위에서 붉은 노을을 만끽할 수도 있기 때문이다. 숙소는 천진항과 우도봉 사이의 허름한 민박집으로 정한다. 아침마다 산책 삼아 우도봉에 오를 수도 있고, 밤이면 바다 건너 제주의 야경을 감상할 수도 있는 까닭이다. 슬리퍼를 끌고 동네의 슈퍼로 향한다. 우도 땅콩을 사기 위해서다. 단언컨대 나는 세상에서 이보다 맛있는 땅콩을 먹어본 적이 없다. 시원한 캔 맥주를 들이키며 우도 땅콩을 입안에 털어 넣다 보면 어느새 하

당신은 우도올레에서 제주올레의 모든 것을 볼 것이다

늘에는 별들이 가득하고, 가슴속에는 행복감이 뭉게뭉게 피어오른다.

천천히 음미하며 걷기

 아침 일찍 올레길을 나선다. 어느 방향으로 가도 상관없다. 하지만 우도봉에서의 조망을 하이라이트로 남겨 두려면 천진항 방향으로 걷기 시작하는 것이 좋다. 길을 잃을 가능성은 없다. 곳곳에 올레길 표지판이 세워져 있다. 어떤 때는 파란 화살표로 어떤 때는 파란 리본으로,

어떤 때는 근사한 나무판으로. 하지만 설혹 길을 잃는다 해도 그 또한 좋다. 손오공이 날아 봤자 부처님 손바닥 안이다. 올레길에서 벗어나 봤자 우도 안이다. 올레길은 천천히 걷는 게 좋다. 마치 맛있는 요리가 일찍 끝나지 않기를 바라듯, 마치 흥미로운 책이 일찍 끝나지 않기를 바라듯 천천히 음미하며 걷는 것이다.

당신은 우도올레에서 제주올레의 모든 것을 볼 것이다. 작고 아름다운 섬 비양도를 한 바퀴 돌 때면 우도올레의 모든 것을 예감할 수 있다. 제주도―우도의 관계가 곧 우도―비양도인 까닭이다. 우도봉에 올라 우도 전체를 내려다본다. 당신이 걸었던 돌담길과 들판과 모래사장이 한눈에 들어온다. 그곳에 오밀조밀 모여 살고 있는 사람들과 동물들의 기쁨과 슬픔이 시원한 바닷바람을 타고 몸 전체에 전해져 오는 느낌이다. 불현듯 당신은 우도를 떠나기 싫어진다. 그 아름답고 서글프고 가슴 저린 풍경 속으로 보다 더 깊숙이 들어가 보고 싶다. 그렇다면 이제 당신은 본격적인 제주올레를 시작할 준비가 된 것이다.

제주도민들만이
풀어 놓을 수 있는 이야기

: 1코스 시흥~광치기…제주올레의 스토리가 시작된 곳

여행의 본질

무엇 하나 내세울 게 없는 사람이지만 그래도 남보다 잘할 수 있는 것, 아니 '남들만큼' 할 수 있는 것을 딱 하나만 꼽아 보라면 그게 바로 '걷기'다. 사실 세상에 걷기보다 평범한 일도 없지만 걷기보다 비범한 일도 없다. 특히 '인간의 걷기'란 그 자체로서 하나의 '우주사적 사건' 이다. 두 발로 걷기, 유식한 말로 표현하여 '직립보행!' 현재의 우리에겐 너무나 당연한 일이지만 통시적 안목을 가지고 냉정하게 바라보자면, 그것은 일종의 혁명이었다.

두 발로 편안하게 걸을 수 있다면 그것 하나만으로도 당신은 충분히 축복받은 존재다

인간의 역사에서 가장 혁명적인 변화를 세 가지만 꼽아 보라면 직립보행, 불의 발견, 문자의 발명이다. 그중에서도 가장 앞서 있고 가장 놀라운 변화는 직립보행이다. 세상에, 두 발로 걸어 다니는 짐승이 출현하다니! 덕분에 앞의 두 발(그러니까 두 손)이 자유로워지고 그래서 도구를 만들 줄 알게 되고, 그 결과 타의 추종을 불허하는 지적 능력을 발전시킬 수 있게 되다니! 두 발로 걷는다는 것은 그러므로 자부심으로 충만해야 마땅할 행위다. 두 발로 편안하게 걸을 수 있다면 그것 하나만으로도 당신은 충분히 축복 받은 존재다.

하지만 직립보행과 '여행' 사이에는 엄청난 간극이 있다. 여행이란 무엇인가? 본질적으로 '쓸데없는 짓'이다. 만약 당신이 여행을 했는데 그것에 어떤 목적이 있었다면, 그것은 여행이 아니다. 우리는 그것을 잔뜩 폼 잡은 영어식 표현으로 '비즈니스 트립'이라고 부른다. 비교적 가까운 우리말로 옮기자면 '출장'이다. 인간이 '쓸데없는 짓'의 가치와 행복을 깨닫고 그것을 즐겨 하게 된 것은 비교적 최근의 일이다. 빈프리트 뢰쉬부르크가 쓴 《여행의 역사》를 보면 그 돌연변이적 반란(!)의 과정들이 유쾌하게 드러나 있다.

가장 인간적인 여행, 걷기

최초의 여행은 '걷기 여행'이었다. 그 이후 여행은 차츰 업그레이드

(?)된다. 걷다가 말을 타고 마차를 타고, 기차를 타고 배를 타고, 자동차를 타고 비행기를 타고, 우주선을 타게 된 것이다. 하지만 자동차 여행이 마차 여행보다 낫다고 생각한다면 당신은 대책 없는 순응주의자다. 더 빠른 속도와 더 많은 이윤을 내기 위하여 미쳐 날뛰고 있는 자본주의의 맹신자요 소비자요 노예라는 뜻이다.

가장 훌륭한 여행도 '걷기 여행'이다. 가장 인간적인 특성인 '걷기'를 통해서 우리는 비로소 '자아'와 마주하고 오감을 최대한 발휘하게 된다. 레베카 솔닛의 명저 《걷기의 역사》는 인간이 어떻게 '걷기'를 통하여 '인간다움'을 얻게 되었나를 감동적으로 논파하고 있다.

걷기 여행의 극단이 등반이다. 등산과 등반을 어떻게 다른가? 두 발로 걸어 오를 수 있다면 그것은 등산이다. 네 발을 써야만 오를 수 있는 것이 등반이다. 그러므로 등반은 '인간 이전의 상태'와 맞닿아 있다. 그만큼 '원초적인 놀이'다. 하지만 그것 역시 걷기의 일종일 뿐이다. 고산 등반이란 무엇인가? 인간이 오를 수 없는 곳을 걸어가는 것이다. 암벽등반이란 무엇인가? 바위 위를 걸어가는 것이다. 걷기 여행의 극한적 형태를 알고 싶다면 이용대가 쓴 한국 최초의 세계 등반사 《알피니즘, 도전의 역사》를 읽어 보기 바란다.

극단적이지 않은 걷기 여행을 흔히 '트레킹'이라고 부른다. 트레킹의 사전적 의미가 흥미롭다. "목적지가 없는 도보 여행 혹은 산, 들과 바람 따라 떠나는 사색 여행." 트레킹의 어원을 알아보면 더욱 매력적이다. "남아프리카의 원주민들이 달구지를 타고 정처 없이 집단 이주

한 데서 유래되었다." 산을 미치도록 사랑하지만 훌륭한 고산 등반가도 훌륭한 암벽등반가도 되지 못한 나는 바로 이 트레킹을 즐긴다. 그렇다면 현재 우리나라에서 가장 훌륭한 트레킹 코스는? 그것이 바로 제주올레다.

제주올레, 스토리가 풍성하다

남다른 재주도 없고 그래서 불러주는 사람도 없는 대신 그래도 걷기 하나만은 자신 있다 싶은 나 같은 이들은 그래서 트레킹을 즐긴다. 나 역시 스스로를 트레커라고 생각한다. 보잘것없는 내 삶에서 굳이 자랑할 만한 무언가를 억지로라도 찾는다면 "남들보다 트레킹을 많이 했다."는 것이다. 나는 세계적인 트레킹 코스를 여럿 섭렵했다. 그러므로 자신 있게 말할 수 있다. 세계 어디를 가도 제주올레만 한 트레킹 코스를 찾아보기는 힘들다. 그만큼 풍광이 아름답고 다채로우며 다정다감한 코스가 제주올레다.

하지만 풍광만으로는 세계적인 명성을 얻기 힘들다. 그 이상의 무언가가 있어야 한다. 그것이 무엇일까? 간단하다. 스토리다. 스토리와 스토리텔링이다. 사실 '스토리'야말로 '인간적인 것'이다. 인간만큼 스토리를 좋아하는 동물은 없다. 제주올레의 1코스 '시흥~광치기'는 그 스토리가 풍성하다. 그래서 좋다. 다들 아시다시피 제주올레를 최초로

기획했으며 현재도 열정적으로 추진하고 있는 주체는 사단법인 제주올레의 서명숙 이사장이다. 그의 기념비적 저작《놀멍 쉬멍 걸으멍 제주 걷기 여행》을 보면 왜 '시흥~광치기'가 1코스로 선택되었는지, 이 코스가 품고 있는 숨겨진 스토리는 무엇인지가 감동적으로 기술되어 있다.

제주 남부해안부터 훑어나가는 게 순서다. 이왕이면 동쪽에서 시작되어야 한다. 초등학교 운동장에서 시작된다면 그 또한 유의미할 것이다. 게다가 학교의 이름이 '시작해서 흥한다'는 뜻의 '시흥'이다. 걷기 시작하자마자 제주의 상징이라 할 수 있는 '오름'부터 오른다.

그런데 이 오름을 끼고 있는 두 마을은 예전부터 사이가 안 좋았다. 다름 아닌 '해녀들의 영역 싸움' 때문이다. 하지만 놀랍게도 이 코스를 만드는 과정에서 두 마을이 화해하기 시작했다. 이러한 과정이야말로 제주올레의 존재 가치를 웅변하며 스토리텔링의 매혹을 제대로 보여주는 것이라 아니할 수 없다.

제주올레를 사랑하는 한 사람으로서 간곡히 부탁드린다. 1코스 이외의 모든 코스들에도 이런 종류의 스토리텔링이 필요하다. 그것을 만들어 주시라. 그것은 단순히 '숙련된 스토리텔러'가 해줄 수 있는 이야기가 아니다. 그 자리에서 울고 웃고 살고 죽으며 오랜 세월을 살아온 제주도민들만이 풀어 놓을 수 있는 이야기인 것이다. 제주올레는 그 풍광만으로도 이미 세계적인 트레킹 코스가 되고도 남는다. 이제 남은 것은 그에 걸맞은 스토리와 스토리텔링이다. 이 부분만 뒷받침 해준다

면 명실공히 '세계인이 걷고 싶은 길 제1위'로 등극하리라 믿는다.

성산일출봉의 파노라마

　제주올레 1코스는 심플하다. 시흥초등학교에서 걷기 시작하면 곧바로 말미오름과 알오름에 오른다. 제주오름을 접해 본 적이 없는 사람이라면 '전혀 새로운 산행'의 발견에 가슴이 뛸 것이다. 오름에서 내려다보는 제주 동해안의 풍광은 형언할 방법이 없다. 조선 여인네들의 조각보처럼 아름다운 그 풍광을 가슴속에 품어 두시라. 제주 동해안의 랜드마크인 성산일출봉의 빼어난 자태도 망막 깊숙이 새겨 넣으시라. 종달리를 벗어나 해안도로로 접어들면 이제부터 성산일출봉의 파노라마다. 방향을 틀 때마다 자태를 달리하는 성산일출봉은 그야말로 "이리 보아도 내 사랑, 저리 보아도 내 사랑"이다.

귤 하나와 게 한 마리에
가슴이 따뜻해진다

: 2코스 광치기~온평···삼신인이 신접살림을 차린 곳

사람 사는 냄새 물씬

　제주까지 오가는 것은 분명 여행에 속한다. 하지만 제주올레만을 똑 떨어트려 놓고 들여다보자면 여행이라 할 수 없다. 그것은 산행도 아니고 도전도 아니다. 오히려 산책에 가깝다. 이따금씩 야트막한 오름에 오를 때를 제외해 놓고 보면 도처에서 민가를 만나게 되는 것이다. 마늘밭이나 과수원 혹은 해녀들의 탈의장 같은 곳을 지나칠 때면 사람 사는 냄새가 물씬 난다. 이 점에서 제주올레는 히말라야 트레킹과 다르다. 그리고 그것은 감점 요인이 아니라 특장이요 개성이다.

제주올레를 걷다 보면 유난히도 여성들과 많이 마주치게 된다. 삼삼오오 떼를 지어 함박웃음과 이야기꽃을 활짝 피우며 걷는 이들도 있고, 마치 자기 동네의 고샅길을 거닐듯 사부작사부작 홀로 걷는 이들도 있다. 얼핏 보면 익숙한 듯하면서도 곰곰이 따져 보면 낯선 풍경이라 아니할 수 없다. 우리나라의 어떤 길에서 이렇게 많은 여성들과 마주칠 수 있었던가? 여성 홀로 일말의 불안감도 없이 편안한 마음으로 걸을 수 있는 길이 과연 존재하기나 했는가? 왜 유독 제주올레에는 여성들이 넘쳐나는가?

예로부터 제주는 여성들의 기가 드센 곳으로 알려져 있다. 우리나라에서는 보기 드물게 모계사회의 전통이 생활 속에 녹아들어 있는 곳이기도 하다. 하지만 그런 전통만으로 이 현상을 설명해내기란 어렵다. 어쭙잖은 내 결론부터 들이대자면 나는 이것이 일종의 '후천개벽'이라고 생각한다. 발상의 전환이요, 음양의 교체이며, 새로운 세상이 열린 것이다.

관계에 탐닉하기

사단법인 제주올레의 대표와 실무진들은 거의 다 여성들이다. 이 사실부터가 혁명적이다. 길을 내는 것은 예전부터 남성의 영역에 속해 있었다. 그리고 남성들이 길을 내는 이유는 단순 무식(!)하다. 전쟁 혹

은 경제를 위해서다. 인간이 갈 수 있는 가장 험난한 길을 추구하는 알피니즘 역시 남성들의 전유물이다시피 했다. 그들은 '어려운 길'과 '위험' 그리고 '한계에의 도전'을 추구해 왔다. 하지만 여성들이 만들어 가고 있는 제주올레는 이와 전혀 다르다. 제주올레는 '아름다움'과 '관계'를 지향한다. 경제적 이익이나 정복의 성취감 따위는 안중에도 없는 대신 다만 길 자체의 아름다움을 추구하는 것이다. 그 길을 걸으며 새롭게 형성되는 사람 및 사물들과의 관계에 탐닉하는 것이다.

사정이 이러하다 보니 이른바 남성 산악인들은 이 길에 금세 흥미를 잃고 만다. 제주올레에는 체력을 소진하고 한계에 도전하여 무언가를 성취해냈다는 자부심(?)을 선사해줄 만한 그런 길이 없다. 실제로 내 주변의 지인들 중 몇몇은 제주올레를 다녀온 후 이렇게 반문한다.

"그게 뭐야? 이게 다야?"

제주올레의 모든 코스를 3박 4일 만에

종주했다는 한 친구는 여전히 무언가 미진한 표정으로 고개를 모로 흔든다.

"너무 시시하던데? 차라리 불수도북(불암산—수락산—도봉산—북한산 종주코스)이나 한 번 더 뛸 걸 그랬어."

이런 친구들에게는 그저 피식 웃어줄 도리밖에 없다. 그들에게는 제주올레라는 '전혀 새로운 길'을 음미할 만한 준비가 되어 있지 않은 것이다.

제주올레에 환호하는 것은 여성들이다. 그들은 길섶에 나뒹구는 귤 하나와 해안도로를 가로지르는 게 한 마리에 가슴이 따뜻해진다. 성게 알을 파내고 계신 해녀 할머니 곁에 쪼그리고 앉아 서로 자기의 남편 욕하기에 시간 가는 줄을 모른다. 그렇게 걷는 둥 마는 둥 하다가 다리가 아프면 안 가면 그만이다. 남성들이 목표 지향적이라면 여성들은 관계 지향적인 것이다. 지리산 종주 중에 갑자기 귀가하기란 불가능하다. 하지만 제주올레에서라면 가능하다. 현재 있는 곳 어디에서건 전화 한 통화만 걸면 콜택시가 달려와 숙소까지 안전하게 모셔다 주니까.

아마도 그래서일 것이다. 제주올레를 걷는 여성들의 얼굴이 그토록 밝고 환한 것은. 그들은 무언가를 꼭 성취하려 하지 않는다. 그저 걷기를 즐기고, 함께 걷는 이들과 대화를 나누며, 마주치는 사물들마다 사랑의 눈길을 보내면 그뿐이다. 얼마나 많이 걸었느냐 혹은 얼마나 빨리 걸었느냐는 그들의 관심 밖이다. 가다 못 가면 어떤가? 다른 길로 에둘러 가면 또 어떤가? 그들에게 제주올레는 '소풍'이다. 일상의 쳇바

제주올레는 '걷는 여성들'이 많아서 아름답다

제주올레에는 유난히 홀로 여행을 떠나온 여성들이 많다

퀴에서 벗어나, 이 지긋지긋한 남성중심 사회의 폭력성과 성취문화에서 벗어나, 자신의 존재를 긍정하고 삶의 아름다움을 찬미하는 것이다. 그것으로 충분하다. 제주올레는 그 길을 걷는 여성들이 있어서 아름다운 것이다.

제주올레를 걸으며 많은 여성들을 만났다. 1코스에서 만난 한 여성은 홀로 걷고 있었는데 어찌나 느리게 걷는지 우리는 그녀를 '사부작녀'라고 불렀다. 사부작녀는 서울의 한 병원에서 근무하는 치과의사였다. 그녀는 매주 주말마다 홀로 제주에 내려와 이렇게 아무 코스나 걷다가 올라가곤 한다고 했다. 서로 명함을 주고받으며 인사를 나눈 것도 잠시, 그녀는 곧 우리 일행의 저 뒤쪽으로 까마득히 멀어져 갔다. 여전히 느린 속도로 사부작사부작 걷고 있는 그녀의 표정에는 일말의 불안감도 없었다. 오직 작은 행복감만이 광채를 발하고 있었을 뿐이다.

여자들이 많아 아름다운

제주올레의 2코스는 나 홀로 걸었다. 식산봉 아래 오조리마을을 지나칠 때 즈음 역시 나처럼 홀로 걷고 있는 대구 출신의 한 여성을 만났다. 우리는 오래된 지인처럼 반갑게 인사를 나누었으나 이내 앞서거니 뒤서거니 각자 자기 페이스대로 걸었다. 혼인지에서 재회한 우리는 벤치에 나란히 앉아 사과 한 알을 깎아 먹었다. 고, 양, 부 삼신인이 벽랑국에서 찾아온 세 공주를 만나 신접살림을 차렸다는 바위 동굴을 들여다보며 그 소박함 내지 질박함에 빙그레 웃어 보기도 했다. 이윽고 온평포구에 도착한 우리는 해삼 한 접시에 소주 한 병을 기울이며 만남과 이별을 자축했다. 앞의 이야기는 그 술자리에서 내가 즉흥적으로 펼쳐 보인 '제주올레 후천개벽설(!)'이다. 그녀는 빙긋 웃으며 고개를 끄덕여 동의를 표했다.

광치기에서 온평에 이르는 2코스는 제주의 건국신화가 시작된 곳이다. 식산봉과 대수산봉에서 내려다보이는 제주 동부해안의 풍광은 왜 이곳에서 제주의 시조들이 신접살림을 시작했는지를 설득력 있게 보여 준다. 누구라도 한 나라를 일으켜 세우고 싶을 만큼 아름다운 곳이다. 그 나라의 한 구석에서 조용하나 혁명적인 후천개벽이 시작되었다. 전통적인 시각에서 보자면 '길 같지 않은 길'이 생겼고, '가도 그만 안 가도 그만'인 그 길을 사람들이 걷게 된 것이다. 걷는 사람들 중에 여자들이 더 많아 그 길이 더욱 아름답다. 홀로 걷는 여자들의 행복한 표정이 마주치는 사람의 마음을 평화롭게 만든다. 그 길이 제주올레다.

걷다 보면
어느새 사라져 버린다

: 3코스 온평~표선···두모악에 그가 있었네

그저 삶이라 해야 할지

초여름의 뙤약볕이 따갑게 내리쬐던 날이었다. 반팔과 반바지 밖으로 삐져나온 나의 수족은 곧 익어 버릴 듯 발갛게 달아올라 있었다. 그늘에 앉아 땀을 훔치며 찬물을 벌컥벌컥 들이켤 때마다 나는 투덜거렸다. 뭔 놈의 코스가 이 모양이람? 잠시 바다를 버리고 중산간으로 접어든 것까지는 좋아. 그렇다면 제대로 된 흙길이 깔려 있어야 할 것 아니야. 뙤약볕 아래 아스팔트길을 하염없이 걸어가도록 만들어 놓은 건 도대체 무슨 심보야?

통오름 위에서 방목 중인 말들이 한가로이 풀을 뜯고 있다

야트막한 오름에 올라 확 트인 사위를 둘러보는 맛이 각별하다

하지만 푸념도 괴로움도 이내 무디어진다. 실연당한 이의 가슴앓이에도 유통기한이 있는 것과 같은 이치다. 게다가 걷기에는 나름대로의 자정 능력이 있다. 하염없이 걷다 보면 행복한 상상도 불행한 기억도 어느새 사라져 버린다. 그렇게 상념 없이 무작정 걷는 것을 '명상'이라 불러도 좋을지 모르겠다. 여하튼 3코스를 나는 그렇게 걸었다. 흐르는 땀을 닦을 생각조차 하지 않고 다만 뼈와 근육을 움직여 앞으로 나아가는 것. 그렇게 걷는 것을 '평화'라고 해야 할지 '순응'이라고 해야 할지, 이도 저도 아니면 그저 '삶'이라 해야 할지.

통오름 위에서 방목 중인 말들을 만났다. 녀석들의 순한 눈빛이 나를 부끄럽게 한다. 독자봉 위에서 시원한 바람을 만끽할 때 즈음이면 새삼 인간이란 얼마나 간사한 동물인가를 깨닫고는 피식 웃는다. 산다는 것은 얼마나 좋은 것인가. 비탈진 나무 그늘에 주저앉아 숙소에서 싸온 주먹밥을 먹으며 허기를 달랜다. 사위가 고즈넉하다. 바람 소리와 매미 소리 그리고 내 턱뼈 움직이는 소리가 들리는 전부다. 뙤약볕이 만들어낸 아지랑이 너머 저 아래로 사람들이 모여 사는 마을이 일렁거린다. 문득 삶이란 '그저 견디는 것'이 아닐까 하는 생각이 든다.

온평에서 표선에 이르는 3코스는 삶에 대하여 생각하게 만든다. 이 길은 화려하지 않다. 어찌 보면 지루하고 심심하고 외롭고 고즈넉한 길이다. 덕분에 이 길을 걷는 사람은 별수 없이 자기 자신에게 빠져들고 만다. 자신과 자신의 삶과 인간의 삶에 대하여 생각하게 된다. 그 상념의 실타래들이 얽히고설켜 온신이 무겁게 느껴질 즈음 한 예술가와 그가 남긴 작품들을 만나게 된다. 바로 김영갑갤러리 두모악이다.

김영갑의 제주

살아생전의 김영갑과 나는 단 한 번 스쳐 지나간 적이 있다. 1980년대 후반이니 그가 이미 제주에 정착한 다음의 일이다. 아마도 어떤 전시회의 뒤풀이 자리가 아니었나 싶다. 인사동의 허름한 술집은 저마다 한 가닥씩 한다는 가난한 예술가들로 북적거리고 있었다. 술상 끄트머리쯤에 자리 잡고 있던 그는 별로 말이 없었다. 그나마 오래 앉아 있지도 않고 인사도 하는 둥 마는 둥 하더니 슬그머니 나가 버렸다. 내 앞에 앉아 있던 선배 시인이 지나가는 말투로 툭 내뱉었다.

"김영갑이라고 사진 찍는 친군데, 제주에 완전히 미쳐 있는 녀석이야."

당시의 그는 제법 건장한 체구에 개량 한복을 걸치고 댕기 머리를 하고 있었다. 전형적인 '인사동 예술가' 타입이다. 나는 곧 그를 잊어버렸다. 내가 본래 '예술가연然' 하며 돌아다니는 인간들에 대하여 내심 경멸 내지 혐오를 품고 있었던 까닭이다. 훗날 누군가 내게 그의 사진 산문집 《그 섬에 내가 있었네》를 선물해 주지 않았다면 나는 김영갑을 영원히 잊어버렸을 것이다.

그의 사진 산문집은 한마디로 충격적(!)이었다. 그의 사진은 너무

아름다웠고, 그의 산문은 너무 진정했는데, 그의 삶은 너무 피폐해져 있었던 것이다. 김영갑은 그 책을 출간한 이듬해인 2005년 영면에 들어갔다. 화장하고 남겨진 그의 뼛가루들은 김영갑갤러리 두모악의 앞마당에 속절없이 뿌려졌다.

그의 사진 산문집에 실려 있는 작품들이 너무 좋아 몇 년 전 나는 일부러 두모악을 찾아왔었다. 책에 인쇄되어 있는 사진이 아니라 원본을 보고 싶었던 것이다. 당시의 나는 렌터카를 타고 휑하니 달려와 두모악을 둘러보고는 바삐 떠나갔었다. 하지만 이번에는 걸어서 갔다. 온평에서 걸어서 두모악까지, 그리고 그의 작품들을 오랫동안 내 망막에 새겨 넣은 다음, 다시 걸어서 두모악부터 표선까지.

그리고 이제 확신한다. 김영갑의 작품들을 제대로 감상하려면 걸어가야 한다. 마침 두모악은 3코스의 한가운데 있다. 온평에서 두모악까지 걷는 길이 그를 만나기 위한 준비과정이라면, 두모악에서 표선까지 걷는 길은 그 만남의 여운을 오래도록 음미해 보기 위한 소화과정인 셈이다.

김영갑의 작품 속에 등장하는 제주는 도무지 현세의 땅 같지가 않다. 다만 아름답다는 뜻이 아니다. 그가 사랑한 제주는 '인연의 저 너머'에 있는 어떤 존재다. 그 땅 위에서 아등바등 살아가고 있는 우리 인간들의 기쁨이나 슬픔 혹은 고통 따위는 프레임 바깥으로 밀려나 있다. 다만 땅이 있고 오름이 있으며, 바다가 있고 바람이 있을 뿐이다. 그래서일까? 그의 작품을 들여다보고 있노라면 알 수 없는 슬픔에 가

두모악 마당에 옹기종기 모여 있는 토우들은 그리움에 젖은 눈매를 하고 있다

숨이 저려 온다. 아니다. 슬픔이라 말하는 순간 틀리게 된다. 체념, 순응, 평화, 열반, 삶…… 그 어떤 단어를 들이대도 작품을 배신하게 된다. 하긴 말로도 표현할 수 있는 것이라면 왜 굳이 카메라 셔터를 누른단 말인가? 김영갑은 '말로 표현할 수 없는 그 무엇'을 자신의 사진 속에 담았다. 그것이 김영갑의 제주다.

이제 신발을 벗을 때가 되었다

제주 올레를 걸으며 우리는 두 명의 예술가를 만나게 된다. 하나는

3코스에서 만나는 김영갑이고 다른 하나는 6코스에서 만나는 이중섭이다. 두 코스 모두 어찌 보면 그 두 사람을 만나기 위해 길을 냈다고 할 수도 있다. 그래도 좋다. 아니 그래서 좋다. 스토리를 가지고 있는 코스란 바로 이런 것이다. 길이 너무 단조롭고 지루하다고? 온몸이 마른 장작개비처럼 말라가는 루게릭병에 걸려 그토록 사랑하던 카메라 셔터 누르기조차 못하게 되었던 김영갑을 떠올려 보라. 삶의 의미도 모르겠고 너무 지쳐 있다고? 김영갑의 사진 속 제주와 마주 서보라. 어쩌면 남은 길을 걸어갈 힘을 얻게 될지도 모른다.

두모악에서 신풍을 거쳐 표선과 당케에 이르는 길은 그러므로 '긍정'의 길이다. 신풍에 이르러 탁 트인 바다목장을 걸어갈 때쯤이면 여지껏 보아 왔던 바다조차 달리 보인다. 목장을 어슬렁거리는 게으른 소 떼들도, 갯바위에 붙어 앉아 무언가를 캐내고 있는 이름 없는 아낙들도 모두 두 팔을 벌려 안아 주고 싶다.

표선해수욕장으로 넘어가는 모래밭 오솔길은 정겹기 그지없다. 야트막한 언덕을 넘으면 이내 시야에 가득 펼쳐지는 천혜의 해수욕장 표선! 이제 신발을 벗을 때가 되었다. 하루 종일 무거운 육신을 이끌고 온 내 두 발에게 경의를 표할 시간이다. 평생토록 무거운 상념들을 짊어지고 비틀거리며 이곳까지 온 내 몸뚱아리에게도 그에 합당한 세례를 베풀어야 할 순간이다. 배낭을 벗어던진다. 신발도 내팽개친다. 그리고 표선의 고운 모래사장을 핥듯 애무하고 있는 그 아름다운 바닷속으로 뛰어든다. 풍덩!

사랑이란
대가 없이 주는 것

: 4코스 표선~남원···모두가 함께 만들어 가는 길

싱그러운 아침 햇살을 만끽하며

　바다나 산에서 술을 마시면 잘 취하지 않는다는 속설이 있다. 과학적으로 증명된 사실인지는 모르겠다. 경험적으로는 분명히 그렇다. 어젯밤 숙소에서 반가운 지인을 만나 씩둑꺽둑 밥고차기로 밤을 패며 마셔댔는데도 아침에 눈을 뜨니 정신은 말짱했고 몸도 가볍다. 게다가 하늘은 또 어찌 그리도 맑은지. 더 이상 이불을 끌어안고 게으름을 피워댈 이유가 없다. 간단히 물과 간식만 챙겨 넣은 배낭을 들쳐 메고 표선으로 떠난다. 표선의 맑고 정겨운 바다는 부지런한 올레꾼을 결코

실망시키는 법이 없다.

표선에서 남원에 이르는 4코스는 바다와 중산간을 두루 아우르는 길이다. 이마에 송글송글 땀방울이 돋아날 즈음 해비치리조트 곁을 지난다. 서민들이 묵고 가기에는 터무니없이 비싼 숙소이지만 별반 부럽지는 않다. 지금 이 시간에 럭셔리한 숙소의 침대 속에 파묻혀 코를 골고 있는 것보다야 싱그러운 아침 햇살을 만끽하며 가벼운 발걸음을 떼어 놓고 있는 것이 백번 나은 까닭이다.

올레길 맞아, 어여 들어와

갯늪과 너무름을 지나 거문어재며 가마리에 이르는 길은 그렇게 상쾌하다. 왼쪽 어깨 너머로 끝없이 펼쳐져 있는 바다에서는 파도가 높아도 좋고 바람이 심해도 좋다. 파도 소리가 귀에 익숙해질 즈음이면 가마리 해녀올레에 닿는다.

해녀 작업장 앞에 서자 돌연 난감해진다. 길이 끊겨 버린 것이다. 좌로건 우로건 우격다짐으로 가자면야 못 갈 것도 없겠지만 여지껏 오롯이 나를 이끌어 오던 올레 표식을 찾을 수 없게 된 것이다. 하지만 등잔 밑이 어둡다 했던가. 낡은 담요 따위로 허술하게 만들어 놓은 작업장 문 앞에 반가운 안내문이 눈에 들어온다.

"문을 열고 들어가세요!"

제주의 해녀는 전시용 박제품이 아니라 생활하는 인간이다

그래도 여전히 망설여진다. 과연 저 문을 열고 안으로 들어가도 될 것인가. 미심쩍은 손놀림으로 문을 반쯤 밀치고 안쪽을 기웃거리는데 돌연 호탕한 할머니의 쉬어 터진 목소리가 쩌렁쩌렁 울려온다.

"아 뭔 눈치를 그리 봐? 여기가 올레길 맞아, 어여 들어와!"

그것은 신선한 경험이었다. 얼치기 관광객들을 상대하려고 얼렁뚱땅 흉내만 내놓은 전시시설이 아니라 실제의 노동이 이루어지는 해녀 작업장 안으로 불쑥 들어간다는 것. 게다가 운이 좋아 해녀 할머니가 방금 막 따온 싱싱한 전복을 덤으로 얻어먹기까지 했다는 것.

"아니 할머니, 여기가 길이라면서 이렇게 오가는 사람마다 다 전복을 내주시면 어떻게 해요?"

짭조름한 바닷물이 그대로 배어 있는 전복을 우적거리며 내가 말을 건네자 할머니는 정색을 하시며 반문했다.

"누가 그래, 오는 사람마다 다 준다고?"

말문이 막힌 나는 대꾸할 말을 찾지 못했다. 할머니는 심드렁한 표정으로 전복들을 손질하며 툭 내뱉었다.

"그냥 아침부터 싸돌아다니는 게 불쌍해서 요기나 하라고 준 거지. 밥은 먹고 다니나? 하이고, 이런 놈의 길이 뭐 볼 게 있다고."

할머니의 얼굴에는 한심스럽다는 표정만이 가득했다. 나는 얼른 말문을 돌렸다.

"이거 너무 맛있어요, 할머니도 많이 드시죠?"

할머니의 마지막 말이 내 가슴에 비수처럼 와서 꽂혔다.

"우린 그런 거 못 먹어, 너무 비싸서."

나는 할머니에게 사례할 그 무엇도 지니고 있지 못했다. 내가 되지도 않는 고집을 부리자 할머니는 못 이기는 척 손을 내밀었다.

"담배나 있으면 하나 줘봐."

그리고 할머니는 마치 절망적인 봉수대처럼 담배 연기를 피워 올리며 자신이 살아온 힘겨운 삶을 아무렇지도 않게 이야기해 줬다. 그리고 다른 것들은 다 팔자 소관이려니 하는데, 이제 더 이상 해녀 일을 하겠다는 여자가 없어 이 직업도 대가 끊겨 가는 것이 가장 안타깝다고 했다. 할머니의 묵직한 삶 앞에서 나는 다만 무력한 청취자였을 뿐이다. 제주에 오간 것은 여러 번이다. 하지만 제주인의 삶을 이렇게 가감 없이 접하고, 그들 생활의 풍경 속살 깊은 곳을 목도하게 된 것은 이번이 처음이다. 오직 제주올레를 두 발로 걷는 사람들에게만 가능한 체험이다.

이 길이 아름다운 것은

가마리 해녀올레는 오래전부터 존재해 왔던 길이다. 언제 누가 이 길을 처음 걸었는가 따위의 기록이 남아 있을 리 없다. 하지만 이 길이 지금처럼 뚜렷해진 것은 제주올레라는 개념이 생겨나고 난 다음의 일이다. 사단법인 제주올레에 따르면 이곳에서 가는개까지 이어지는 바

제주올레는 잊혀지고 끊어진 길들을 많이 복원해 놓았다

다 숲길은 35년 만에 복원되었다고 한다. 가는개 앞바다에서 샤인빌 리조트까지 이어지는 바윗길은 더욱 특별하다. 남달리 아름다운 풍광을 제공하고 있기 때문이 아니다. 평생을 이곳에서 보낸 베테랑급 제주 해녀들조차 비틀거리며 걸어가야만 했던 이 길을 지금처럼 평탄하게 만들어준 것은 다름 아닌 현역 군인들이다. 제주 지역방어사령부 소속 93대대 장병들이 뜨거운 젊음의 근육을 아낌없이 혹사해 가며 만들어낸 덕분에 이 길을 일명 '해병대길'이라 부른다.

해병대길의 끄트머리에서 만나게 되는 샤인빌 바다 산책로도 기분 좋은 길이다. 역시 풍광이 근사해서가 아니다. 이 지역은 두말할 것도 없이 샤인빌의 사유지에 속한다. 제주에서도 몇 손가락 안에 드는 럭셔리한 호텔 리조트에서 제주올레를 위하여 기꺼이 자신의 사유지를 공유하게 해주었다는 사실 자체가 가슴을 따뜻하게 해준다.

잠시 해안도로를 버리고 망오름을 향하여 걸어가며 생각한다. 이 길이 아름다운 것은 사람들의 사랑 때문이다. 사랑이란 대가를 바라지 않고 자신이 가진 것을 내주는 행위를 뜻한다. 제주올레는 그런 사람들이 만들어 가고 있다. 망오름 정상에 올라 가슴이 후련해지는 것은 당연한 일이다.

함께 만들어 가는 길

거슨새미를 지나 다시 해안도로 쪽으로 걸어 나올 때의 일이다. 엉뚱하게도 작은 게 한 마리가 자동차도로를 횡단하고 있었다. 녀석이 안쓰럽기도 하고 예쁘기도 하여 한동안 발걸음을 떼어 놓지 못했다. 인적이 드문 곳이기는 하나 이따금씩 자동차가 씽씽 달리는 길이다. 녀석이 본능적인 감각으로 자동차 바퀴를 아슬아슬하게 피해 가며 결국 도로 횡단에 성공하는 순간, 나는 저도 모르게 환희의 휘파람을 불어대며 박수를 쳐줬다. 녀석은 아마도 알아듣지 못했을 것이다. 하지만 나는 이렇게 말해 주고 싶었던 것 같다.

힘든 세상이야. 먹고살기도 힘들고 살아남기도 힘들어. 하지만 살

아, 죽지 말고. 그러다 보면 세상에 사랑이라는 것도 있다는 사실에 가슴이 저미며 문득 행복해지는 순간도 겪게 될 거야.

남원포구에 닿기 전에 나는 깨달았다. 제주올레는 우리 모두가 함께 만들어 가는 길이다. 그곳에는 자신의 허름한 작업장 안으로 기꺼이 이방인을 맞아들이는 해녀 할머니가 있고, 아무런 보수도 없이 무거운 바위들을 등짐으로 옮겨준 청년 군인들이 있고, 자신의 사유지를 아낌없이 내어준 럭셔리한 리조트도 있다. 세상 무서운 줄 모르고 아스팔트 자동차도로를 무작정 횡단해 버린 작고 어여쁜 게 한 마리도 있다. 그들을 만나지 못했다면 제주올레는 쓸쓸했을 것이다. 그들이 없었다면 제주올레는 만들어지지도 않았을 것이다.

더 느리게
살아야 돼

: 5코스 남원~쇠소깍…와인을 홀짝, 물회를 후루룩

추억을 일깨우는 사진

내 앞에 5코스의 사진이 두 묶음 펼쳐져 있다. 하나는 내가 찍은 볼품없는 사진들이고, 다른 하나는 김진석이 찍은 볼 만한 사진들이다. 그와 나는 서로 다른 날 이 길을 걸었다. 내가 걷던 날은 신비로운 바다안개海霧가 시야를 희롱하던 날이었고, 그가 걸었던 날은 눈부신 햇살이 카메라 뷰파인더를 가득 채운 날이었다. 두 사진을 번갈아 보니 그 안에 펼쳐진 것이 과연 같은 길인가 의심스러울 정도다. 고대 그리스의 어떤 철학자가 그랬다지. 우리는 같은 강물에 두 번 발을 담글 수 없다. 그렇다면 우리 역시 이렇게 말해도 무방하리라.

"우리는 같은 올레를 두 번 걸을 수 없다."

풍광으로 보자면야 김진석의 올레가 훨씬 더 근사하지만 마음이 가닿는 곳은 역시 내가 걸은 올레다. 본래 풍광이란 완벽한 타자他者로 자아의 밖에 존재하는 것이 아니다. 알프스의 그림 같은 별장보다 내가 나고 자란 고향의 오두막이 더욱 정감 있게 다가오는 것은 그 때문이다.

내가 찍은 사진들 속의 자욱한 바다안개가 오래되지 않은 추억을 선명히 일깨운다. 조금 걷다 보니 내의를 축축하게 만들었던 그 습기까지도 생생하게 되살아난다. 어떤 기억은 장쾌한 시각으로 우리에게 남는다. 하지만 시각이 오감의 전부는 아니다.

신명희와 함께 걸은 길

남원에서 쇠소깍에 이르는 5코스는 내게 촉각으로 기억된다. 머리카락에 배어 있는 바다안개의 촉각, 허공의 거미줄에 송글송글 맺혀 있던 습기의 느낌, 얇은 바지를 적시고 이내 내의까지 파고들던 기분 좋은 한기. 이 길은 또한 미각과 후각으로도 기억된다. 맑은 핑크빛의 모스카토 로제와 된장 베이스가 입맛을 돋우던 자리물회의 추억.

아, 기억을 더듬다 보니 청각도 되살아난다. 바다안개 저편으로 낮

이따금 햇살 좋은 날에는 걷기에 지친 신발을 빨아 말린다

고 음울하게 깔리던 뱃고동 소리, 뜻은 사상된 채 음향으로만 남아 있는 누군가의 목소리, 아이들이 불어대는 비누 거품처럼 기분 좋게 터지던 웃음소리. 그 목소리와 웃음소리의 주인공이 누구였는지가 이제 분명해졌다.

어떤 길은 풍광보다는 그 길을 함께 걸었던 사람으로 기억에 남는다. 내게 있어 5코스는 '신명희와 함께 걸은 길'이다. 현재 국립 제주박물관의 학예사로 일하고 있는 그녀와의 인연은 어느 짤막한 와인 칼럼에서 시작된다. 수년 전 나는 한 영화잡지에 와인을 사람에 빗댄 소설적 에세이를 연재하고 있었다. 당시 서울의 국립 중앙박물관에서 근무하고 있던 신명희는 그 에세이들을 읽고 심산스쿨로 찾아와 내가 이끌고 있던 와인반에 등록했다. 학예사라는 직업에 걸맞게 몹시도 꼼꼼하고 학문적이었던 그녀는 이내 '와인반의 학술위원장'이라는 애칭을 얻으며 동호회원들의 사랑을 듬뿍 받았다.

그러던 그녀가 돌연 제주로 발령을 받아 서울을 떠나게 되자 와인반에 뜻하지 않은 제주여행 붐이 일었다. 그녀를 위로 혹은 격려한다는 핑계로 우루루 제주로 몰려가 며칠 동안 와인을 퍼마시게 된 것이다. 내가 소문으로만 알고 있던 제주올레의 실체와 접하게 된 것도 이때였다. 결국 나로 하여금 제주올레를 걷게 하고 이렇게 글까지 쓰게 만든 장본인이 바로 신명희였던 것이다.

이쯤에서 한잔 하지요

　습기를 머금은 바람이 모슬포를 가득 채우고 있던 어느 날이었다. 그녀는 제주에 정착한 다음 새로 구입한 아담한 경차를 끌고 내 숙소를 찾아왔다. 며칠째 홀로 걷고 있던 내게 올레의 동행을 자처한 것이다.
　남원에서 쇠소깍까지 이르는 5코스를 나는 그녀와 둘이 걸었다. 와인으로 맺어진 다정한 오누이가 함께 걷는 길이었다. 제아무리 소원했던 사람이라도 몇 시간을 함께 걸으면 마음을 열기 마련이다. 하물며 매일같이 커뮤니티를 드나들며 서로의 안부를 묻던 다정한 오누이 사이라면 더 말해 무엇하랴. 그녀와 무슨 말을 나누었던지는 기억에 남아 있지 않다. 허공으로 사라져 버리는 말 따위야 아무러면 어떠하랴. 어떤 뜻에서 대화란 내용보다는 형식이 더욱 중요하다. 그녀와 나는 무의미하되 다정한 이야기들을 도란도란 나누며 그 길을 함께 걸었다. 행복한 소통의 길이었다.
　제주에서도 가장 아름다운 해안 산책로로 꼽히는 큰엉 위 오솔길을 천천히 걸었다. 대영박물관이나 메트로폴리탄의 회랑을 걷는다 해도 이보다 더 충만한 예술적 감격을 느낄 수는 없으리라. 이런 감동의 순간에는 되도록 말을 아끼는 것이 좋다. 그저 나란히 천천히 걸으며 그 벅찬 감동을 공유하는 것만으로도 충분하다. 용천수 담수탕이 인상적인 신그물을 지나 야트막한 언덕 위의 정자에 이르렀을 때 그녀가 돌연 걸음을 멈췄다.

"이쯤에서 한잔 하지요."

그녀가 배낭에서 무엇을 꺼낼지는 묻지 않아도 안다. 와인이다. 그녀가 오늘 준비해온 와인은 드미 사이즈(375ml)의 모스카토 로제다.

접이식 의자를 펼치고 앉아 플라스틱 와인 잔에 맑은 핑크빛의 와인을 가득 따른다. 행복은 굳이 발설할 필요도 없고 광고할 필요도 없다. 진정으로 행복한 존재는 그 자체로서 빛을 발한다. 나란히 앉아 안개 너머로 무심히 출렁이는 바다를 바라보며 와인을 홀짝거리고 있는 오누이의 모습을 상상해 보라. 바라보는 것만으로도 행복해지는 풍경이다.

산길을 걷든 올레를 걷든 상관없다. 나는 언제나 배낭 속에 와인을 챙겨 넣는다. 소주는 독하고 맥주는 무겁다. 야외에서 즐기기에는 와인이 제격이다. 다정한 사람과 도란도란 이야기를 나누며 천천히 걷다가 자리를 잡고 앉아 와인을 홀짝거리기에 가장 어울리는 곳이 바로 제주 올레다.

위미의 동백나무 군락지 앞에서 행복한 약속을 한다.

"한겨울에 동백이 활짝 피면 우리 여기 또 오자."

조배머들코지의 기암괴석 앞에서 한심한 약속을 한다.

"다음에는 와인을 두 병 가져와서 이 앞에서도 한잔 하자."

불현듯 허기가 느껴져 눈에 보이는 아무 식당에나 들어가려 하는 나를 그녀가 만류한다.

"조금만 더 가요. 아주 맛있는 물회집이 여기서 멀지 않아요."

김진석의 사진과 내 사진 속 풍경이 유일하게 일치하는 곳이 단 하나 있다. 바로 검은 모래사장으로 유명한 공천포의 한 음식점이다. 아무리 시장이 반찬이라지만 이 집의 자리물회가 꿀맛인 것은 단지 허기 때문만은 아닌 것 같다.

망장포구를 지나고 예촌망을 지난다. 5코스의 종점인 쇠소깍이 멀지 않다. 이 길이 끝나는 것이 싫어 발걸음은 더욱 늦어진다.

"이렇게 느긋하게 살아도 되는지 모르겠어요."

야근과 격무에 길들여진 직장인다운 발언이다.

"이렇게 살아야 돼, 더 느리게 살아야 돼."

평생 직장생활이라곤 해본 적이 없는 천상 백수의 대답이다.

이윽고 쇠소깍에 이른다. 민물이 바닷물과 합쳐지면서 천상의 풍광을 연출해 내고 있는 곳이다. 그 깊은 못 위에 도무지 가는 건지 마는 건지 판단도 안 되는 테우가 한 척 덩그러니 떠 있다. 5코스의 마지막을 장식하는 유유자적한 쉼표다.

삶은 외롭고
서글프고 그리운 것

: 6코스 쇠소깍~외돌개...이중섭의 길

저가 항공에 중독된 제주올레꾼

　제주올레를 대중화시킨 일등공신들 중의 하나는 저가 항공이다. 저가 항공의 매력은 합리적인 차등 요금제인데, 얼마나 빨리 예약하느냐와 어떤 요일의 몇 시 비행기를 예약하느냐에 따라 할인 폭이 천차만별이다. 내가 세운 최저가 기록은 왕복 티켓을 4만 원 이하에 구입한 것이다. 세상에, 4만 원 이하에 비행기를 타고 제주를 오갈 수 있게 되었다니! 상상만 해도 입이 헤벌쭉 벌어진다. 저가 항공에 중독된 제주올레꾼은 이런 식으로 태어나는 것이다.

아침 일찍 공항으로 나가 첫 비행기에 몸을 싣는다. 모자라는 잠이야 비행기 안에서 깜빡 졸면 그만이다. 제주공항에 내려 샌드위치를 먹으며 콜택시를 부른다. 하도 제주의 이곳저곳을 쏘다니다 보니 이제 지역별 콜택시 전화번호쯤이야 아예 핸드폰에 입력되어 있다. 오늘의 출발지인 쇠소깍으로 가려면 서귀포 콜택시를 불러야 한다. 달리는 택시 안에서 미리 제주에 와 있던 일행들과 접선 약속을 잡는다. 이런 식으로 내달리다 보니 서울 마포 집 현관을 나선 지 채 3시간도 안 되어 제주의 쇠소깍에 도착한다.

먼저 도착한 내가 김밥을 챙기고 있을 즈음 다른 일행들이 들이닥친다. 오늘의 동행은 사진작가 김진석과 시나리오작가 김영희 그리고 이태리와인 전문 수입사 비노비노의 양영옥 대표다. 김영희와는 수년 전 자전거를 타고 제주도를 한 바퀴 돈 적이 있는데, 당시 그녀가 착용했던 빨간색 햇볕 가리개 두건이 화제였다. 동네에 접어들 때마다 아이들이 까르르 웃어 젖히며 "빨간 두건이다!" "여자 쾌걸 조로다!" 하고 외쳐댔던 것이다. 아니나 다를까 이번에도 그녀가 예의 그 두건을 착용하자 길 위에 웃음꽃이 터져 나온다. 올레를 걷다 보면 누구라도 동심으로 돌아가게 되는 모양이다.

이중섭의 길

　제지기오름의 중턱쯤에서 마지막 일행이 합류한다. 다른 비행기를 타고 내려온 메이크업 아티스트 김혜균이 허겁지겁 따라붙은 것이다. 공항에서 조금 기다려 주지 그랬냐는 듯 가볍게 눈을 흘기지만 나는 모른 체한다. 본래 백수일수록 시간 약속에 민감한 법이다. 제지기오름의 정상에 오르자 뜻밖의 풍경에 또 다시 웃음이 터져 나온다. 엄마 등에 업혀 올라온 어린 여자아이가 벤치 위에 큰 대자로 누워 세상모르고 단잠에 빠져 있는 것이다. 제주올레에서 만난 가장 나이 어린 올레꾼이다. 그녀의 쌔근거리는 숨소리가 이상하게도 마음을 편안하게 한다. 맑고 뚜렷하며 참된 숨결이다.

　제지기오름에서 섶섬을 내려다본다. 굳이 이중섭의 그림을 논하지 않더라도 더없이 회화적이다. 난해한 추상화도 아니고 근사한 수묵화도 아니다. 그저 천진한 어린아이가 크레파스로 쓱쓱 그려 놓은 밑그림 같다. 때로는 어린아이의 눈이 본질을 꿰뚫어 보는 법이다. 단잠에 빠져 있는 어린 여자아이의 달콤한 자태 위로 섶섬이 겹쳐지고, 섶섬의 조악하나 단순한 조형미 위로 이중섭이 겹쳐진다. 그렇다면 이중섭은 다시 단잠에 빠진 어린아이와 겹쳐지는가? 그렇다는 것이 나의 생각이다. 이중섭의 그림 속에 자주 등장하는 '노는 아이들' 중의 한 명이 지금 저 벤치 위에서 늘어져라 단잠에 빠져 있는 셈이다.

　쇠소깍에서 외돌개에 이르는 6코스는 어쩔 수 없이 '이중섭의 길'

제지기오름의 정상에서 가장 나이 어린 올레꾼을 만났다

이다. 우리에게 이중섭이란 무엇인가? 미술평론가도 미술사학자도 아닌 나는 그의 작품 세계를 어떻게 평가해야 하는지 알지 못한다. 어린 시절부터 그를 좋아했지만 과연 내가 '화가 이중섭'을 좋아했는지는 의문이다. 나는 '고은高銀이 쓴 이중섭'을 좋아했다. 고은이 쓴 《이중섭 평전》은 내가 몇 번이고 되풀이하여 읽었던 매혹적인 텍스트다. 훤칠한 미남의 면모를 유감없이 드러낸 그의 사진도 오랫동안 내 책상머리를 지켜온 추억의 소품이다.

나는 이중섭에게서 '가난'과 '동심'을 읽는다. 그리고 그의 천진한 동심 따위야 코웃음도 짓지 않고 단숨에 짓밟아 버린 저 참혹했던 '시대'를 읽는다. 나는 그를 당대의 희생양으로 본다. 그의 저 유명한 폭음과 거식증 그리고 자학적 유머는 그래서 가슴 아프다. 하지만 그렇다고 해서 그를 다만 '비참하게 살다간 불운한 예술가' 정도로 받아들이는 시각에는 동의할 수 없다. 그의 삶과 그가 남긴 그림들은 강요된 가난과 짓밟힌 동심 사이에서도 빛을 발한다. 그래서 우리는 그가 남긴 초라하나 아름다운 은지화銀紙畵를 보며 애잔한 미소를 짓게 되고 가슴이 따뜻해지는 것 아닌가.

서귀포 시내를 통과해 걸으며 우리는 문득 '가난했지만 행복했던' 옛 시절들을 만난다. 서귀포 관광극장에 붙어 있는 오래된 영화의 조악한 포스터들은 그 자체로서 행복한 추억들이다. 이중섭미술관 앞에 복원된 그의 쪽방은 들여다보는 이의 가슴을 아리게 한다. 그렇다. 이중섭은 이 좁은 쪽방에서 아내와 아이들을 부둥켜안고 새우잠을 자며

살았다. 하지만 그곳에서의 삶이 반드시 불행했던 것만은 아니다. 아내와 아이들의 손을 잡고 이 언덕을 걸어 내려가 서귀포 앞바다를 하릴없이 배회했을 이중섭을 상상해 본다. 바닷가에서 해초를 따고 조개를 주워 하루 먹을거리를 마련한 그가 빙긋 웃으며 다시 이 쪽방으로 터덜터덜 돌아오는 모습을 그려 본다. 그가 즐겨 그렸던 '행복한 가족'의 모습이다. 실제로 서귀포에서 가족과 함께 살았던 이 시기가 그의 삶에서 가장 행복했던 순간이었다.

애틋한 향수에 젖어

6코스는 시심詩心으로 가득 차 있다. 서귀포 구 시가지를 통과할 때는 향수에 젖고 이중섭거주지에서는 가족에 대한 그리움에 젖는다. 소정방폭포와 천지연폭포 앞에 서면 그 우렁찬 기상에 창唱이라도 한 자락 뽑아내야 할 것만 같다. 코스가 끝나갈 때쯤 만나게 되는 조각 공원에는 아예 제주와 바다를 읊은 시들이 장사진을 이룬다. 성산포의 시인 이생진의 시도 좋지만, 아직도 귓가에 쟁쟁한 조미미의 노랫말도 좋다.

> 동백꽃 송이처럼 예쁘게 핀 비바리들
> 콧노래도 흥겨움게 미역 따고 밀감을 따는

그리운 내 고향 서귀포를 아시나요

하지만 내게는 이중섭이 너무 커다란 존재다. 그가 남긴 유일한 시, 내가 초등학교 때부터 암송했던 시, 이중섭거주지의 쪽방에 아직도 붙어 있던 그 시가 여전히 긴 여운을 남긴다. 제목은 〈소牛의 말〉이다.

맑고 뚜렷하고 참된 숨결
나려 나려 이제 여기에 고웁게 나려
두북 두북 쌓이고 철철 넘치소서
삶은 외롭고 서글프고 그리운 것
아름답도다 여기에 맑게 두 눈 열고
가슴 환히 헤친다

그렇다, 곤궁한 시대를 살았다고 해서 그 시대를 살아낸 사람의 마음까지 곤궁했던 것은 아니다. 6코스를 걸으며 애틋한 향수에 젖어 생각한다. 이 파렴치한 오욕의 시대에도 어딘가에는 분명히 맑고 뚜렷하고 참된 숨결이 존재한다는 것을 잊지 말자.

사라져 가는 것들에
대한 그리움

: 7-1코스 월드컵경기장~외돌개···아스팔트길 아래로 사라져 가는 구불구불 흙길들

컴 레인 오어 컴 샤인

아침 일찍 눈을 떴지만 몸이 찌뿌드드하다. 새벽까지 이어진 어젯 밤의 과음 탓이다. 아직도 잠이 덜 깬 얼굴을 한 김진석이 그 짙은 눈 썹을 꿈틀대며 하늘을 올려다본다. 아침부터 추적추적 비가 내리고 있다. 몸도 날도 찌뿌드드한 이런 날 무엇을 하면 좋을 것인가. 나는 이미 대답을 포함한 질문을 툭 던진다.
"네 카메라 방수되는 거지?"
김진석이 피식 웃으며 고개를 절레절레 흔들더니 두말없이 배낭을

꾸려 떨치고 일어선다.

매주 아니 어떤 때는 일주일에 두세 번씩 산에 오르던 날들이 있었다. 이미 산행 약속을 잡아 놓았는데도 이런 질문을 던지는 사람들이 있다.

"비가 와도 가요? 조금 늦게 도착해도 될까요?"

내 대답은 오래전에 결정되어 있다.

"호우경보가 내려도 가고 지진이 나도 가. 안 기다리고 정시에 출발해."

한두 번 함께 산행을 하다 보면 그 말이 농담이 아님을 알게 되고 그러면 날씨에 따라 망설이는 자들이나 약속 시간을 못 지키는 자들은 스스로 발길을 끊게 된다. 전혀 애석하지 않다. 서로를 위해서 좋은 결말이다.

실제로 기억 속에 남아 있는 산행들은 대개 다 악천후와 연관되어 있다. 속옷이 흠뻑 젖는 정도가 아니라 완전히 물에 빠진 생쥐꼴이 되었던 장마 산행을 기억한다. 대설경보가 발령되자 좋아라 하고 올랐던 지리산에서의 러셀russel이 생각난다. 태풍이 휘몰아치던 날 동굴 속에서 몸을 웅크리고 덜덜 떨었던 비박의 기억과 링반데룽環狀彷徨에 걸려 같은 골짜기를 이틀이나 맴돌았던 조난의 기억마저 감미롭다. 맑은 날에만 찬양하는 사랑이란 얼마나 간지러운가. 그래서 오래된 재즈 스탠더드는 이렇게 노래하지 않았던가. 컴 레인 오어 컴 샤인(Come Rain or Come Shine).

비오는 날의 올레는 또 다른 풍광과 정취를 선사해 준다

버려진 마을

　월드컵경기장으로 향하는 시외버스 유리창에 기대어 창밖 풍경을 본다. 빗물이 흘러내려 뿌옇게 지워지며 뒤로 사라져 가는 풍경들이 아련하다. 때마침 버스 기사가 틀어 놓은 라디오에서는 심수봉 노래가 흘러나온다. 낙숫물 듣는 소리가 정겨운 툇마루 같은 곳에 퍼질러 앉아 아침부터 술타령을 하기에 딱 좋은 그런 날씨다. 그렇게 상념에 촉촉히 젖어 흔들리고 있는 동안 시외버스의 종점이자 오늘 걸을 올레의 출발점인 월드컵경기장이 그 웅자를 드러낸다.

　월드컵경기장은 제주올레에서 정남향의 이정표다. 제주 북쪽에 제주시가 있다면 제주 남쪽에는 서귀포시가 있다. 서귀포시 법환동에 세워져 있는 월드컵경기장은 시외버스터미널과 바투 붙어 있는데, 제주~고산~서귀포를 달리는 일주 서회선과 제주~성산~서귀포를 달리는 일주 동회선이 만나는 곳이기도 하다. 동쪽 끝의 성산은 1코스에 속해 있고 서쪽 끝의 고산은 12코스에 속해 있다. 6코스의 종점이자 7코스의 출발점이 곧 외돌개이며, 7-1코스는 이곳 월드컵경기장에서 외돌개까지 중산간을 타고 넘어가는 길이다.

　월드컵경기장에서 자동차도로를 건너 중산간 지역으로 접어드니 곧 가슴이 먹먹해진다. 재개발 지역으로 지정되어 주민들이 모두 이주한 탓에 인적이 끊겨 버린 마을 안으로 들어서게 된 것이다. 사람들은 떠나갔으나 그들이 머물던 흔적들은 아직도 곳곳에 남아 있다. 지붕이

없어진 벽 한 구석에 낡은 옷걸이가 버려져 있고, 깨진 바가지가 나뒹구는 수돗가에 말라비틀어진 파뿌리가 흩어져 있다. 사람의 손길과 잡초의 생명력은 반비례한다던가. 벽이며 대문이며 문설주를 가리지 않고 무성하게 뻗어 오른 잡초들이 세월의 무상함을 묵묵히 증언하고 있다.

재개발을 통하여 우리가 얻게 될 것들과 잃게 될 것들의 대차대조표를 작성해 보는 것은 이 글의 관심사가 아니다. 세상 모든 일이 그러하듯 무언가를 얻고 무언가를 잃을 것이다. 내가 하려는 이야기는 다만 이 길을 걸으면서 형언할 수 없는 슬픔과 대상 없는 그리움을 절절히 느꼈다는 것이다. 아니다, 그 그리움에는 대상이 있다. 그것은 '사라져 가는 것들'에 대한 그리움이었다. 이제 곧 건설될 곧게 뻗은 아스팔트길 아래로 사라져 갈 구불구불한 흙길들, 높이 올라갈 아파트 벽 사이로 사라져 갈 낮은 지붕의 단독주택들, 그 곤궁하나 정다웠던 골목길에서 까르르 웃음을 터트리며 뛰어다녔던 동네 꼬마 녀석들.

소설이란 무엇인가. 스스로 인류 최후의 소설가라 자처하는 밀란 쿤데라는 이렇게 말한다. "덧없이 사라져 가는 것을 붙잡아 놓으려는 안타까운 시도." 사진이란 또 무엇인가. 셔터를 누른 그 순간 이후 다시는 볼 수 없게 될 풍광과 심상의 기록이다. 그래서일까. 김진서이 좀처럼 발걸음을 떼어 놓지 못한다. 찰칵 찰칵 찰칵. 그의 카메라 조리개가 쉴 새 없이 열리고 닫힌다. 부서진 벽 한 귀퉁이에 프레임처럼 남아 있는 창틀, 추상화처럼 남겨진 담쟁이넝쿨의 잔해, 비에 젖은 채 텅 비어 있는 아스팔트 위를 느릿느릿 기어가는 달팽이.

　비오는 아침이었다. 버려진 마을이었다. 이제 곧 사라져 버릴 것들이 그곳에 있었다. 그 길에서 나는 심상의 엘레지를 들었다. 비 때문에 어둑해진 아침은 어둠이 깃들기 직전의 해질녘 같았다. 이제 곧 밤이 되면 이 모든 것들은 흔적도 없이 사라지리라. 소멸에 대항하려는 그 어떤 시도들도 결국에는 도로徒勞에 그치게 되리라. 하지만 버려진 마을만 그런 운명에 처해 있는 것이 아니다. 우리의 삶 역시 피해 갈 수 없는 운명이다. 다만 우리는 그 언저리를 맴돌며 애틋한 그리움을 가슴에, 카메라에, 허공에 하릴없이 아로새기고 있을 뿐이다.

알 수 없는 위안

　엉또폭포 앞 쉼터에 한동안 앉아서 쉰다. 폭포는 말라 있었으나 그 장쾌했을 물줄기의 환청이 들리는 듯하다. 술 한잔 없이 지나치기에는 너무 적적한 풍경이다. 고근산에 오르니 발아래 시야가 온통 뿌옇다. 날씨 탓인지 오가는 사람조차 드물다. 끝없이 늘어선 키 큰 나무들의 행렬이 무채색의 수묵화처럼 풍경 속으로 번져 든다. 동양 최대의 마르형 분화구라는 하논으로 접어든다. 온통 초록으로 일렁이는 하논의 모습이 오히려 생뚱맞다. 마치 흑백영화의 한 장면 속에 부분 컬러링을 해놓은 듯한 느낌이다.

하루 종일 빗속을 걸으니 고어텍스 재킷이고 우산이고 다 무용지물이다. 손수건을 흠뻑 적신 것이 땀인지 빗물인지도 분명치 않다. 하지만 기분이 나쁘지 않다. 마음은 착 가라앉아 있는데 정신은 더할 수 없이 명징한 그런 상태다.

삼매봉을 넘으니 다시 바다가 보인다. 그 끝에 외돌개가 서 있다. 뭍과 떨어져 바다 가운데 외롭게 서 있다 하여 외돌개다. 외로움이 육화肉化되었다가 끝내는 바위로 굳어져 버린 작은 돌섬. 그 사무치게 외로운 모습이 오히려 알 수 없는 위안을 준다. 그 의연한 모습 앞에서 존재의 유한함을 탓하며 어린아이처럼 칭얼거릴 수는 없는 것이다. 그렇다. 우리가 외돌개를 위로할 수는 없다. 외돌개가 우리를 위로해줄 것이다.

사랑하지 않을
도리가 없다

: 7코스 외돌개~월평...바닷가 우체국에서 엽서를 쏜다

텐트조차 필요 없는 곳

제주올레의 모든 코스를 순례하다 보면 세 번 들러야 되는 장소가 딱 하나 있다. 바로 외돌개다. 6코스와 7-1코스 그리고 7코스가 모두 외돌개를 출발점 혹은 도착점으로 삼고 있는 까닭이다. 외돌개는 내게 깊은 인상을 주었다. 그야말로 그림 같은 풍광 때문이 아니다. 키 큰 나무들 사이 파란 풀밭에 자리 잡고 있는 야영장 때문이다. 야영장 텐트 앞 접이식 의자에 앉아 시에라 컵으로 커피를 홀짝거리고 있는 사람들을 부러움과 시새움에 찬 눈빛으로 흘낏거리며 남몰래 결심한다. 다음

에는 이곳에 나만의 베이스캠프를 쳐야지.

내가 좋아하는 여행 혹은 산행 스타일은 베이스캠프형形이다. 한곳에 베이스캠프를 쳐놓고 주변을 싸돌아다니다가 돌아와서 쉬고는 다시 떠나는 스타일. 거벽 등반을 위하여 미국 요세미티국립공원을 찾았을 때는 저 역사적인 써니사이드캠프장에 베이스캠프를 쳤다. 에베레스트 북면 티베트 베이스캠프에서는 무려 두 달 가까이를 머물렀다. 동남아 여행의 베이스캠프로는 역시 태국 방콕의 카오산로드가 제격이다.

제주올레 역시 마찬가지다. 제주 남해안 서쪽지역을 순례할 때 나의 베이스캠프는 모슬포의 게스트하우스 사이다. 동쪽지역을 순례할 때라면 4코스 초입의 길목민박 정도가 좋겠다는 것을 이번 올레길에서 깨달았다. 그렇다면 남해안의 정중앙지역을 순례할 때는? 바로 외돌개다. 펜션이고 민박이고 예약할 필요도 없다. 어쩌면 텐트조차 필요 없을지도 모른다. 외돌개 풀밭에 배낭을 베고 벌러덩 누워 키 큰 나무들 위로 쏟아지고 있는 별빛을 헤아리다 잠드는 것보다 더 훌륭한 숙소가 따로 있을 리 없지 않은가.

보다 많이 보고 싶다면

월평까지 이어지는 7코스를 걷기 위해 외돌개로 모여든 일행들의

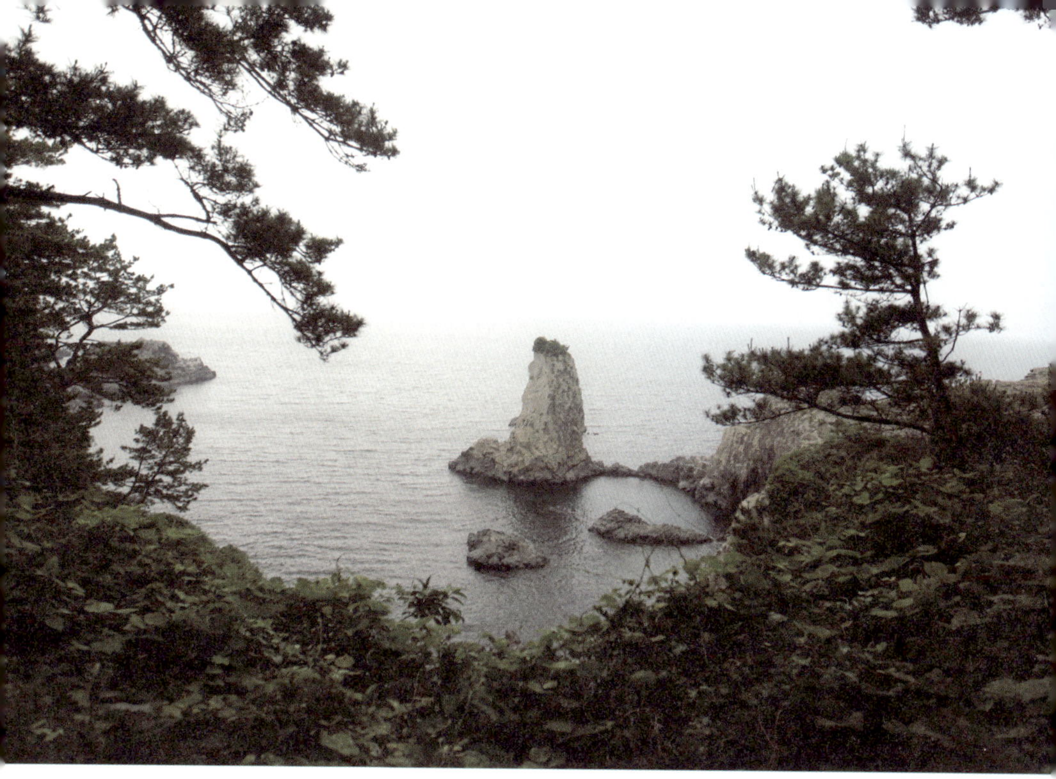

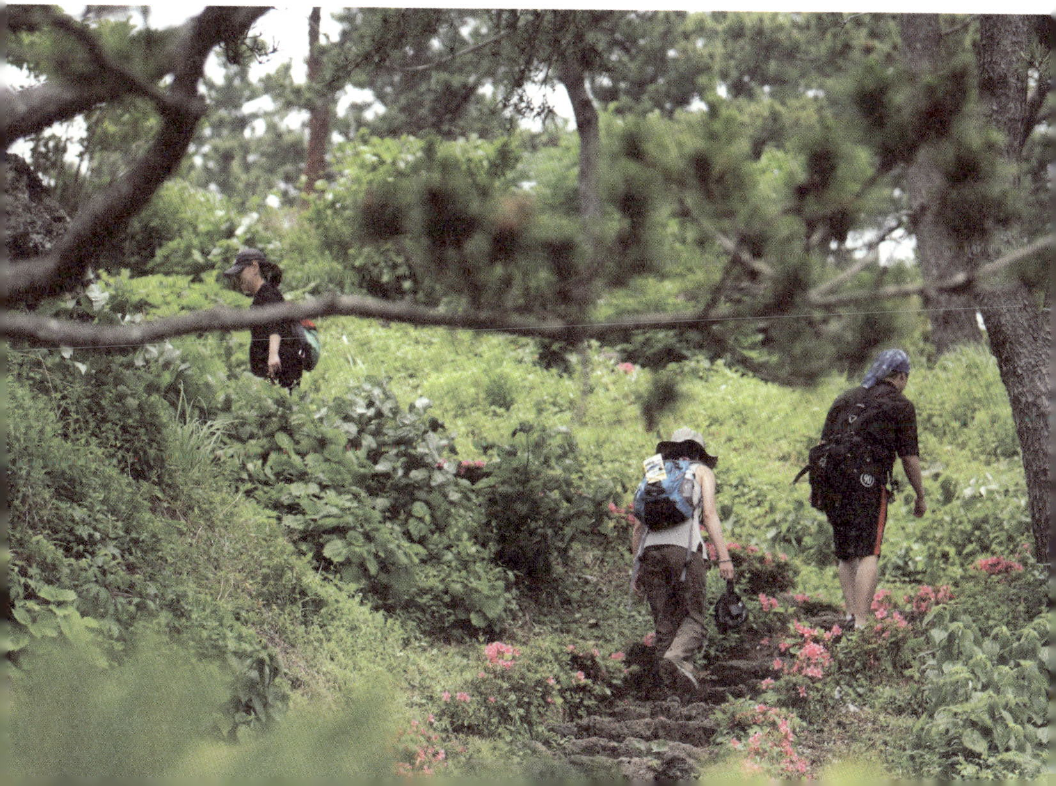

면면이 각양각색이다. 6코스를 함께 걸었던 사람들을 비롯하여 산악회 후배에게 물어물어 찾아왔다는 낯선 청년 둘, 제주에서 근무 중인 신명희가 초대한 여고동창생 둘, 와인반 동문인 치과의사 박선주, 인디라이터반 동문회장인 게임 전문가 차영훈 등 모두 열두 명이나 된다. 혼자 걷는 올레는 호젓해서 좋고 둘이 걷는 올레는 다정해서 좋다. 하지만 때로는 이렇게 떼를 지어 웃고 떠들며 왁자지껄하게 걷는 올레도 그 나름의 맛이 있는 법이다.

수봉로로 접어들자 찬탄이 나온다. 이전까지의 깔끔한 나무바닥길이나 아기자기하게 이어지던 돔배낭길과는 또 다른 맛이다. 온전히 사람의 손으로 만든 좁은 흙길이 정겹다. 제주올레의 참맛은 이런 길이다. 거의 원시적이라 해도 좋을 만큼 수공업 방식으로 만든 흙길, 모랫길, 바윗길. 이쯤에서 끊어지나 싶어 주위를 두리번거리면 저만치 앞 나뭇가지에서 눈웃음치듯 팔랑거리는 파란 리본들. 끊어질 듯 이어지는 구비마다 마치 초등학교 시절 소풍날에 선생님이 미리 숨겨 놓으신 보물처럼 슬쩍 모습을 드러내는 반가운 화살표들.

막숙을 통과할 때쯤 논쟁 아닌 논쟁이 시작된다.

"아니 몽고 애들이 우리나라에서 말을 키웠어요?"

"야, 인마. 한동안 원나라가 제주도를 지배했었다는 것도 모르냐?"

"아니 언제요?"

"놀러 다니지만 말고 공부 좀 해라. 범섬 전투의 첫 무대가 바로 여기잖아."

제주올레의 곳곳에서 자연이 만들어낸 추상화를 감상할 수 있다

"범섬 전투는 또 뭐예요?"

"하이고 답답해라, 너 최영 장군은 아니?"

사실 일행 중 그 누구도 제주의 역사에 정통한 사람은 없었다. 조금 안다는 사람조차 그저 인터넷에서 흘낏 본 조악한 정보들을 주워섬길 뿐이다. 오는 길에 산 제주감귤을 오물거리며 제법 건설적인 약속을 한다.

"우리 다음에는 공부 좀 해가지고 오자. 밤마다 술만 처먹지 말고 제주 역사 세미나라도 한번 해보자고."

사실 역사와 동떨어진 풍광이란 일종의 판타지일 뿐이다. 탐역사化

된 이미지란 광고사진 속에서나 가능하다. 그 아름다운 올레길에서도 우리 역사의 기쁨과 슬픔을 본다. 제주 역사의 고통과 자부심을 읽는다. 다만 우리 각자가 '아는 만큼만 보는' 것일 뿐.

풍광이든 사람이든 마찬가지다. 보다 많이 보고 싶다면 그 대상을 알아야 한다. 그리고 대상을 알아가는 가장 좋은 방법은 그를 사랑하는 것이다. 그러므로 우리의 제주올레 순례는 작은 시작일 뿐이다. 제주올레는 아름답다. 사랑하지 않을 도리가 없다. 그렇다면 이제 우리는 제주의 역사와 문화를 보다 더 깊이 알아가게 될 것이다.

바닷가 우체국

풍림리조트 앞에서도 풍광은 역사와 충돌한다. 풍림리조트에 이르는 해안길은 꿈결처럼 아름다운데, 그 앞에서 나부끼고 있는 노란 깃발들은 삶의 고통을 증언하고 있는 것이다. 그 깃발들은 바닷바람에 펄럭이며 이렇게 외치고 있었다.

"해군기지 결사반대!"

청마 유치환이었던가? 허공에서 나부끼고 있는 깃발을 보며 그것을 '소리 없는 아우성'이라고 명명했던 사람은? 웃고 떠들며 이곳까지 왔던 일행들도 그 준엄한 삶의 현장 앞에서는 잠시 입을 다문다.

풍림리조트에는 바닷가 우체국이 있다. 내 생각에 우리나라에서 가장 아름다운 우체국이다. 사면이 툭 트인 정자의 통나무 밑둥 의자에 앉아 저마다 엽서를 쓴다. 어떤 이는 오래전에 떠나간 옛사랑에게 회한에 젖은 안부를 전하고, 또 어떤 이는 이틀 전에 떠나온 집의 어린 딸아이에게 사랑의 인사말을 건네고, 또 다른 이는 불현듯 떠오른 고마운 어르신에게 존경이 담뿍 담긴 엽서를 보낸다.

우표를 붙일 필요는 없다. 그저 그렇게 몇 자 끼적거린 다음 옆에 있는 빨간색 우체통에 넣기만 하면 된다. 그러면 그 엽서는 마술처럼 하늘을 날아가 그리운 이의 우편함에 꽂힐 것이다.

라인홀트 메스너는 말했다. "내 안에는 정착민과 유목민이 있다. 그 둘은 서로 싸우며 함께 산다." 사람들과 더불어 올레길을 걸으며 깨닫는다. 혼자 걸을 땐 여럿이 그립다. 여럿 속에 섞여 있을 때는 혼자 되기를 원한다.

그토록 유쾌하게 웃고 떠들며 걷던 일행들이 바닷가 우체국에 이르자 마치 약속이나 한 듯 일제히 작은 엽서를 끌어안고 그리운 사람에게 편지를 쓰는 모습을 보니 나도 모르게 빙그레 미소가 지어진다. 머무르다 보면 떠나고 싶고 떠나가면 돌아오고 싶은 법이다. 우리는 그토록 모순된 존재다. 하지만 삶 자체가 모순투성이인 것을 어찌 하랴. 그저 더불어 함께 살아갈 뿐이다.

풍림리조트에서 빠져나오는 숲길이 온통 초록으로 가득 차 있다. 그 환상적인 숲길을 취한 듯 걷고 있자니 언제 그렇게 내 안에 침잠하여 조용히 엽서를 끼적거렸던가 싶나. 일행들 사이에 다시 웃음꽃이

바닷가 우체국에서 그리운 이에게 안부를 전한다

제주올레가 아니었다면 이런 길을 걸을 엄두라도 냈겠는가

터져 나온다. 내딛는 발걸음에 힘이 솟는다. 강정포구를 지나니 알강정이 저 앞이다. 누군가 불기 시작한 휘파람을 하나둘씩 따라 부는가 싶더니 어느새 유쾌한 오케스트라 행진곡이 되어간다. 월평포구가 여기서 멀지 않다. 우리들의 올레길 혹은 삶은 그렇게 계속된다.

판타지 영화의
한 장면처럼

: 8코스 월평~대평…발랄한 청춘들과 가장 어울리는 길

걷기 위해 찾아오는

언제부터인가 제주도에서 젊은이들이 귀해졌다. 제주 출신의 젊은 이들은 유학이나 취업을 위하여 뭍으로 떠나가는데, 역으로 제주에 정착하러 오는 젊은이들은 상대적으로 소수였던 것이다. 그 결과 제주의 인구는 지속적으로 감소하고 있다. 심각한 문제다. 상주인구가 아니라 유동인구를 따져 봐도 마찬가지다. 제주를 찾는 관광객의 상당 부분은 골프를 치러 온다. 그리고 골프를 즐기는 이들은 대부분 나이가 지긋한 사람들이다.

젊은이들에게 물어보면 이유는 자명하다.

"제주도요? 물론 두어 번 가봤지요. 이제 더 이상 가볼 데도 없어요. 좀 긴 여행을 즐기고 싶다면 차라리 동남아로 가지요."

그들의 답변에 이의를 제기하기란 쉽지 않다. 비용이며 만족도 따위를 꼼꼼히 따져 볼수록 고개를 끄덕이게 된다. 그렇다. 거기까지가 제주 관광의 한계였던 것이다. 적어도 제주올레가 개척되기 전까지는 그랬다.

올레길이 열린 이후 가장 기분 좋은 변화를 꼽으라면 제주도를 찾는 젊은이들이 많아졌다는 것이다. 그들은 이른바 관광 포인트 앞에 가서 기념사진을 찍으러 온 것도 아니고, 비싼 그린피를 내고 골프를 치러온 것도 아니다. 그들은 올레를 걷기 위해 제주도를 찾는다. 국민소득의 증가에 따라 걷기 운동 혹은 트레킹 붐이 막 일어날 즈음 올레길이 열린 것은 참으로 절묘한 타이밍이었다. 관광지로서의 제주가 어떤 벽에 부딪혔을 즈음 트레킹 대상지로서의 제주가 새롭게 떠올랐던 것이다.

젊은이들이 넘쳐나는 길

월평에서 대평까지 해안선을 따라 줄곧 이어지는 8코스를 나는 유쾌한 젊은이들과 함께 걸었다. 이태리와인 전문 수입사 비노비노의 직

원들이다. 생면부지의 그 젊은이들이 제주에 오게 된 것은 물론 나의 초청 때문이었다. 2009년 봄 이태리 와이너리 투어에 나를 초청해 준 것에 대한 답례였다. 그들의 모습을 보며 나는 제주올레의 무한한 가능성에 대하여 확신을 갖게 되었다. 그들은 모두 약속이나 한 듯 이렇게 말했다.

"제주를 재발견한 것 같아요. 아니 제주에 처음 온 것 같은 느낌이에요. 다음에 다시 와서 다른 올레길도 걸어 보고 싶어요."

젊은이들이 넘쳐나는 올레길은 참으로 보기 좋았다. 제주도 자체가 젊어진 느낌이다. 우연한 일이지만 그들과 함께 8코스를 걸었다는 것도 시너지 효과를 냈다. 발랄한 청춘들과 가장 잘 어울리는 화려한 길이었던 것이다. 낙엽 굴러가는 것만 보아도 깔깔깔 웃음을 터트리는 것이 청춘이라 했던가. 길이 아름답지 않아도 뜻밖의 낭패를 당해도 그들은 웃었을 것이다. 하지만 8코스의 모든 길은 마치 판타지 영화의 한 장면처럼 아름다웠다. 밝고 행복한 웃음소리가 도처에 넘쳐났음은 물론이다.

푸념은 오이 한 조각에 쏙 들어가고

마늘밭을 지나 대포포구로 향하던 길이었다. 비노비노 홍은명 실장의 샌들 밑창이 덜렁거리기 시작했다. 정작 본인에게는 난감한 일이었

겠지만 일행들에게는 또 하나의 웃을 거리가 생겨난 셈이다.

"걸을 때마다 박수치는 소리가 나네?"

"새끼 악어가 입을 딱딱 부딪치는 것 같아!"

놀림을 당하다 지쳤는지 기어코 밑창이 떨어져 나갔다. 그렇게 뒤뚱거리며 대평까지 걸어갈 수는 없는 노릇이다. 결국 홍실장은 시내로 들어가 새 신발을 사 신고 다시 합류하기로 하고 일행과 헤어졌다. 웃어서는 안 될 일이지만 웃음이 멈춰지지 않는다.

이 길에서 새로 만난 젊은이들 중에는 걷는 일에 익숙하지 않은 친구들도 있었다. 그들은 조그마한 핑계거리만 찾아도 이쯤에서 숙소로 돌아가겠노라고 선언할 참이었다. 하지만 풍광은 빈틈을 보이지 않았다. 마늘밭을 돌아 나오면 검은 바위투성이의 신비한 해안길이 펼쳐지고, 해안길에서 과감히 방향을 틀면 때 이른 코스모스가 마치 꽃의 바다처럼 물결치고 있는 광활한 벌판이 앞을 가로막는 형국이다. 다리가 아프다는 푸념은 오이 한 조각에 쏙 들어가고, 배가 고프다는 투덜거림은 주먹밥 한 덩이에 입을 다문다.

시에스호텔로 접어들어 잠시 길을 잃고 헤매는데 어디선가 홍실장의 목소리가 들린다. 그 사이 새 신발을 사 신고 돌아온 그녀가 언제 절룩거렸던가 싶게 활짝 웃는 모습이 의기양양하기 이를 데 없다. 배도 채우고 전열을 새롭게 정비한 일행은 이제 물 흐르듯 자연스럽게 제주올레에 녹아든다. 저마다 디지털카메라를 꺼내 서로를 찍어 주며 걷는 모습이 영락없는 소풍길이다.

누군가를 제주올레로 유혹(?)하고 싶을 때

중문해수욕장에 다다르자 일제히 신발을 벗어든다. 이 고운 모래사장과 발바닥 사이에 이물질이 끼어들도록 내버려 둔다는 것은 일종의 모욕이다. 하얏트호텔 산책로에서는 외국인 트레커들을 여럿 만난다. 제멋대로 배낭을 내동댕이쳐 놓고 해변에 누워 영어 소설책이며 지도책 따위를 보고 있는 모습이 편안하다. 해외 배낭여행을 즐기던 사람들에게는 익숙한 풍경이다.

"쟤네들이 저러고 있으니까 여기가 꼭 외국 같지 않아?"

내가 농담을 던지자 일행이 맞받아친다.

"그러게요, 굳이 해외로 배낭여행 갈 필요가 뭐 있나 싶네요."

제주올레 8코스는 화려하다. 지나치게 화려해서 '관광지를 걷고 있다'는 느낌마저 준다. 소박한 오솔길을 좋아하는 트레커라면 이 길이 마뜩치 않을 수도 있다. 하지만 제주올레를 처음 접하거나 걷기에 익숙하지 않은 사람에게는 이 길이 좋다. 화려한 볼거리가 끝없이 이어지고, 곳곳에 편히 앉아 쉬며 무언가를 먹고 마실 수 있는 가게들이 많으며, 길 자체가 반듯하게 정비되어 있어 쉬이 걸을 수 있는 까닭이다. 그래서 누군가를 제주올레로 유혹(?)하고 싶을 때 내가 꺼내 드는 첫 번째 카드는 바로 여기다. 일단 이 길에 발을 들여놓게 되면 그 이전으로 되돌아간다는 것이 불가능해진다.

8코스의 종점인 대평포구에는 간단히 술 한잔 할 수 있는 선술집이

제주올레를 걷다가 해수욕장에 이르면 저도 모르게 신발을 벗어 들게 된다

있다. 오랜 시간을 걸은 다음 땀이 식기 전에 벌컥벌컥 들이켜는 맥주 첫 잔보다 더 맛있는 것이 있을까. 어떤 때는 그 한 잔의 하산주를 마시기 위해 하루 종일 땀을 뻘뻘 흘리며 산에 오르는 것이 아닌가 싶을 때가 있을 정도다. 하지만 과음은 금물이다. 맥주는 한 잔이면 족하다. 일행들이 모두 다 도착하면 우리는 곧바로 숙소로 이동할 것이다.

비노비노 사람들이 제주에 온 본래의 목적은 와인 시음이었다. 내년에 수입할 와인들을 결정하고 평가하기 위한 수련회였던 것이다. 덕분에 그날 밤 우리는 수십 병의 와인들을 숙소 바닥에 눕혔다. 낮에는 올레에 취해서 행복했고, 밤에는 와인에 취해서 행복했던 완벽한 하루였다. 부르튼 발바닥을 코르크 마개들로 문지르며 웃는 젊은이들이 있어서 즐거웠다. 발그레 상기된 얼굴로 낮에 걸었던 올레를 찬양하는 젊은이들이 있어서 기분 좋았다.

그 비경들 안에
고통이 녹아 있다

: 9코스 대평~화순…할매 절벽과 초사 계곡

신령한 절벽, 박수기정

8코스의 종점이자 9코스의 출발점이 되는 곳이 대평이다. 이곳에서 멀지 않은 곳에 '물고기'라는 카페가 있다. 영화감독 장선우가 운영하는 곳이다. 장선우는 1990년대의 한국영화를 대표하는 감독이다. 나는 그와 두 작품을 함께 작업했는데 불행히도 영화로 완성하지는 못했다. 하지만 그가 '빵잽이(교도소에서 복역한 사람을 뜻하는 속어)' 출신으로서는 보기 드물게 충무로를 기웃거릴 무렵부터 알고 지냈으니 곁에서 지켜본 세월이 꽤 길다.

현재까지 그의 마지막 필모그래피로 기록되어 있는 〈성냥팔이 소녀의 재림〉(2002) 이후 장선우의 삶에는 굴곡이 많았다. 언제부턴가 그가 제주도에 출몰한다는 소문이 나돌더니 급기야는 아예 정착했다고 한다. 나는 그가 과연 제주의 어디쯤에 정착했을지가 궁금했다. 제주의 모든 바다와 오름과 고샅길을 두루 섭렵한 그가 마지막으로 선택한 곳은 어디였을까. 그곳이 바로 대평포구다. 그의 카페 물고기 앞마당에 서서 사방을 휘 둘러본다. 그리고는 어렵지 않게 깨닫는다. 그는 아마도 박수기정에 홀려 이곳에 자리를 잡았으리라.

박수기정은 산방산과 더불어 제주 남서해안을 대표하는 랜드마크다. 바다로부터 느닷없이 수직으로 치솟아 강건한 기상을 사위에 떨치고 있는 모습이 당당하기 그지없다. 대평에서 화순까지 이어지는 9코스는 이 박수기정에 오르는 것으로 시작된다. 이 신령한 절벽의 해발 1미터 지점에서는 1년 내내 맑은 샘물이 솟아나는데, 그것을 바가지로 떠마신다 하여 이름이 '박수'다. 기정이란 절벽 혹은 벼랑의 제주 사투리다.

박수기정에 오르는 길은 크게 두 갈래로 나뉜다. 절정을 맛볼 수 있는 길은 단연 조슨다리다. 이 길에는 서글픈 전설이 있다. 먼 옛날 기름장수 할머니가 바윗길을 호미로 콕콕 쪼아 지름길을 만들다가 절벽 아래로 떨어져 죽었는데, 그 이후 마을 사람들이 십시일반으로 돈을 모아 완성해낸 길이 바로 조슨다리라는 것이다. 실제로 이 길 위에 서면 그 전설이 피부에 와닿는다. 고난도의 암릉 등반에서나 맛볼 수 있는

박수기정 맞은편의 언덕에 방목 중인 말이 보인다

추사의 발자취가 서린 안덕계곡은 전형적인 여근곡이다

장쾌한 시야와 아찔한 고도감이 일품인 것이다. 하지만 2009년 4월 이후 이 길은 폐쇄되어 버렸다. 토지 소유자의 요청에 의한 것이니 어쩔 수 없는 일이지만 안타까울 따름이다.

박수기정에 오르는 또 다른 길이 '말이 다니던 길'이라는 뜻의 몰질이다. 원나라 치하에 있었던 고려시대, 박수기정 위의 너른 들판에서 키운 말을 대평포구로 끌고 내려오기 위해 냈던 길이라고 한다. 모든 길에는 저마다의 개성이 있다고 했던가. 몰질을 통해 만나는 박수기정은 조슨다리를 통해 만나는 박수기정과는 또 다른 맛이 있다. 무엇보다도 그 깎아지른 절벽 위에 그토록 너른 들판이 펼쳐져 있다는 사실이 경이롭다. 들판을 가로질러 박수기정의 벼랑 끝에 선다. 제주올레가 제공하는 가장 장쾌한 풍광이 거기에 펼쳐져 있다.

변방의 역설, 위대한 추사

볼레낭길 사이로 휘파람을 불며 박수기정을 내려오면 다시 한동안 해안길을 걷다가 숨겨진 계곡 안으로 접어든다. 치안치덕治安治德하는 곳이라 하여 안덕계곡이다. 산으로 접어들어 고운 오솔길들을 따라 걷다 보면 어느 순간 시야가 툭 떨어지는데 그곳에 신비한 계곡이 숨어 있다. 첫눈에도 영락없는 여근곡女根谷이다. 계곡에 가 닿는 가파른 산세山勢와 계곡을 둘러싼 울창한 수세樹勢가 에로틱한 상상력을 대책 없이 자극한다. 계곡에 들고 나는 길목마다 붙여진 산바든물, 올랭이소, 임금내 등 제주식 이름들도 입가에 미소를 머금게 한다.

이 계곡에 자주 와서 절경을 즐기며 후학을 가르치곤 했던 이들 중의 하나가 추사 김정희(1786-1856)다. 추사가 어떤 인물인가. 영조 사위의 증손으로 태어나 문과에 급제한 후 성균관 대사성을 거쳐 이조참판까지 지낸 당대의 엘리트요 주류 중에서도 핵심에 속하는 인물이다. 하지만 만약 그의 삶에서 제주 유배시절(1840-1848)이 없었더라면 우리가 알고 있는 '위대한 추사'도 없었을 것이다. 변방의 역설이 여기에 있다. 추사의 삶과 학문과 예술을 완성한 것은 청년기의 북경이 아니라 노년기의 제주였던 것이다.

제주로 유배되어 내려가던 길의 추사는 해남의 대흥사에 들렀다. 당시 대흥사 대웅보전의 현판은 그가 '경멸'하던 원교 이광사가 쓴 것이었다. 추사는 그 글씨를 씹고 또 씹어 기어코 현판을 떼어낸 다음 자신의 글씨를 건다. 하지만 만 7년 3개월, 햇수로 9년 만에 제주 유배를 끝내고 뭍으로 되돌아오던 길의 추사는 달랐다. 다시 대흥사에 들른 그는 자신의 오만불손을 자책하며 스스로 자신의 글씨를 떼어내고 원교의 글씨를 복원시켰다. 그를 이렇게 변화하게 만든 것이 바로 제주다. 그가 훗날 자신의 트레이드마크가 된 '추사체'를 완성한 곳도 제주였고, 그가 한국 문인화의 대표작으로 꼽히는 〈세한도〉를 그린 곳도 제주였다.

현재 대정읍성 동문 자리 안쪽에는 추사적거지가 남아 있다. 추사

가 유배 시절 머물던 곳을 당시의 모습 그대로 복원해 놓은 곳이다. 나는 처음부터 제주올레가 이곳을 비껴간 것이 못내 아쉬웠다. 현재의 제주올레에서 추사를 추억할 수 있는 자리가 있다면 이 9코스의 안덕계곡이 유일하다. 하지만 그 어떤 조형물도 남아 있지 않아 하나의 전설처럼 허공을 맴돌 뿐이다. 이 아름다운 안덕계곡 안에 조그마한 정자 하나 지어 추사와 제주의 인연을 기릴 수 있게 되면 참 좋겠다고 생각한다면 너무 지나친 바람일까.

틀림없이 반할 거야

제주올레 9코스는 자연경관이 빼어난 곳이다. 장쾌한 절벽과 너른 들판과 은밀한 계곡이 있다. 그동안 관광객들에게는 전혀 알려지지 않았던 제주의 비경들이다. 하지만 그 비경들 안에는 고통이 녹아 있다. 작품활동을 멈추게 된 예술가가 있고, 호미로 바윗길을 내야만 했던 기름장수 할머니가 있고, 정치적 박해로 억울한 귀양살이를 해야만 했던 당대의 지식인이 있다. 하지만 고통이 언제까지나 고통으로만 남아 있는 것은 아니다. 고통 속에서 피워낸 꽃이야말로 가장 아름답지 않던가. 언젠가 변방의 역설이 중원을 뒤흔들 날이 올 것이다. 안덕계곡을 빠져나와 화순을 향해 걸으며 나는 그렇게 생각했다.

제주올레에서 가장 짧은 코스가 바로 여기다. 총연장이 8.8킬로미

터에 불과해서 서너 시간이면 충분히 다녀올 수 있다. 덕분에 제주에 가면 골프만 치다 오는 친구들에게 나는 자신 있게 권한다.

"제주에서 올라오는 날의 비행기 시간을 조금만 늦추렴. 그리고 아침 일찍 일어나 9코스를 역방향으로 걸어봐. 넌 틀림없이 안덕계곡에 반하고 박수기정에 반할 거야. 그렇게 아침 산책을 마친 다음 물고기 카페 앞마당에 앉아 천천히 차를 한잔 마시렴. 아마도 그 이전에 네가 쳤던 골프의 추억 따위와는 비교도 할 수 없는 체험이 될 거야."

봄바람에 일렁이는
청보리 물결

: 10-1코스 가파도…남 몰래 아껴 두었던 보물

배낭 하나 들쳐 메고

유난히도 긴 겨울이었다. 나라 안팎으로 악재들이 넘쳐나고 세월이 하도 뒤숭숭하니 봄이 와도 온 것 같지 않다春來不似春. 인간사와 세상사에 치이는 것이 싫어 애써 무심해지려는 사람일지라도 습관처럼 기다리는 것이 봄이다. 봄이 온다고 하여 달라지는 것은 없을지도 모른다. 그래도 계곡의 얼음 아래로 물 흐르는 소리가 들리고 파릇한 새싹들 사이로 꽃망울들이 봉긋 솟아오르는 것을 보면 명치 아래로 따뜻한 기운이 느껴지는 법이다.

가파도올레는 제주올레 중에서 가장 거리가 짧아 산책하기 좋은 길이다

가파도 골목길에는 아름다운 벽화들이 많이 그려져 있다

내 집필실이 들어 있는 빌딩의 유리창이 온통 뿌옇다. 이따금씩 빗줄기라도 들이칠 때면 누런색으로 일그러지는 추상화가 음울하고도 기괴스럽다. 창틀에 내려앉은 황사모래는 아예 그곳에 똬리를 틀 기세다. 답답한 마음에 집필실을 박차고 나와 거리를 배회한다. 하지만 거리는 무엇 때문인지는 모르겠으나 그저 바쁜 사람들과 자동차 배기통에서 내뿜는 매연가스만이 가득할 뿐이다. 별수 없다. 배낭 하나 들쳐 메고 제주행 비행기에 오른다. 제주올레는 그럴 때 오라고 거기에 있는 것이다.

딱 한 잔만, 하고 시작한 아침술

숙소인 게스트하우스 사이에 짐을 푸니 반가운 소식이 기다리고 있다. 가파도에 올레길이 나고 그 길에 10-1이라는 코스명이 주어졌다는 것이다. 따지고 보면 꼭 반가운 것만도 아니다. 남 몰래 아껴 두었던 보물이 만천하에 공개된 느낌이라고나 할까. 하긴 제주도 사람들이 이런 이야기를 들으면 어이없어 하며 혀를 찰지도 모르겠다. 제주올레라는 것 자체가 제주의 숨겨진 비경들을 외지인들에게 아낌없이 공개하고 함께 걷자고 만드는 길이 아닌가. 그러므로 사심(?)없이 이야기하자. 제주에 속한 많은 섬들 중에 가파도가 우도에 이어 두 번째 올레길로 지정된 것은 축하해 마땅할 일이다.

하지만 가던 날이 장날이었다. 가파도행 배를 타려 모슬포항에 도착한 우리는 혼비백산했다. 승선 티켓을 사러 늘어선 사람들의 줄이 끝도 없이 이어져 있었던 것이다. 설상가상으로 30분 넘게 줄을 서서 겨우 매표구 앞에 이르렀을 때 우리가 탈 수 있는 배의 출발시간이 다시 늦춰졌다. 한마디로 앞의 배가 매진되어 버린 것이다. 하필이면 일요일이었다. 게다가 매년 4월 초에 5일간 지속되는 '가파도 청보리축제' 기간이었던 것이다. 제주에서 보내는 귀한 휴가를 '승선 대기 시간'으로 허비할 수는 없다. 우리는 내일을 기약하며 두말없이 포기하고 산방식당으로 자리를 옮겨 아침술(!)을 기울이기 시작했다.

딱 한 잔만, 하고 시작한 아침술이 끝날 기미를 안 보인다. 시원하

밀면 육수와 기름기를 쪽 뺀 수육이 한라산 소주와는 천상의 궁합이다. 혀가 꼬이기 시작한 일행들 사이에서 결론 없는 논쟁이 시작된다.

"우리가 제주올레를 찾는 것은 한적함을 즐기기 위해서잖아? 근데 제주올레가 유명해지면서 점점 북새통이 되어 가고 있어. 이 딜레마를 도대체 어떻게 한담?"

똑 부러지는 답변이 있을 수 없다. 덕분에 식탁 위의 한라산 병만 자꾸 늘어난다.

"야, 하나마나한 이야기 집어치우고 걷기나 하자."

대낮부터 불콰해진 얼굴로 숙소를 향해 내쳐 걷는다. 그렇게 걷는 길 역시 제주올레다.

느릿느릿 가파도올레

월요일 아침의 모슬포항은 한적했다. 저 멀리 보이는 가파도가 온통 푸르다. 저 유명한 가파도의 청보리밭이다. 우리나라의 봄은 어떻게 오는가. 17만 평에 이르는 가파도의 보리밭을 파랗게 물들이며 온다. 2010년의 가파도 청보리축제에서는 많은 행사들이 유보되었다. 천안함 사태로 인한 전 국민적 애도 분위기를 거스르지 않으려 한 것이다. 덕분에 축제라고 하기에는 다소 차분한 분위기였고, 그 고즈넉한 빈 공간 사이로 봄이 들어와 있었다. 나는 올해 봄을 어떻게 맞았는가. 따사로운 햇살 아래 풍요롭게 넘실대는 가파도 청보리밭에서 맞았다. 잠시 세상사의 근심 걱정을 잊어도 좋을 만한 순간이었다.

독립된 코스명을 가지고 있는 제주올레들 중에서 가파도올레가 가장 짧다. 총연장이 5킬로미터에 불과하고 높낮이도 거의 없어 빨리 걸으면 1시간 안에라도 주파할 수 있다. 그러나 제주도까지 가서, 거기서 다시 배를 타고 가파도까지 가서, 빨리 걸을 이유가 도대체 뭐란 말인가.

일행들은 저마다 느릿느릿 제 갈 길로 간다. 길에서 벗어난다 해도 서로를 빤히 바라볼 수 있을 만큼 조그만 섬이다. 섬의 최고점이 해발 20.5미터에 불과하니 거의 평지라 해도 무방하다. 바다 위에 '살짝 얹힌' 형국인 까닭에 파도의 영향을 크게 받고 따라서 이따금씩 배가 못 뜨기도 한다.

올레로 지정되기 이전부터 가파도는 내게 '산책하기 좋은 섬'이었다. 축제 때가 아닌 평시에 가파도 가는 배는 하루에 세 번 뜬다. 나는 보통 아침 9시 배를 타고 들어가 두어 시간 거닐다가 정오 배를 타고 나온다.

내게 있어 가파도는 '점심 먹으러 가는 섬'이기도 하다. 가파도민박은 가파도의 터줏대감 격 식당이자 숙소인데, 이 집 정식이 한마디로 예술이다. 호화롭지 않되 맛깔난 제주 토종 반찬들이 무려 스무 종류 이상 쫙 깔린 밥상을 받아 들면 절로 헤벌쭉 웃음이 나온다. 오늘따라 갖가지 반찬들에서도 봄 내음이 물씬 난다.

가파도의 청보리밭은 한반도에서 가장 빨리 봄을 알린다

바다 건너 보이는 제주도

숲에 들어가면 코앞의 나무만 보인다. 숲을 제대로 감상하려면 멀찌감치 떨어져서 봐야 한다. 우도나 가파도를 올레 코스로 넣은 속뜻을 나는 그렇게 읽는다. 제주도 안에 있으면 제주도가 제대로 보이지 않는다. 우도나 가파도에서 '바다 건너로' 보는 제주도야말로 정말 근사하다.

나는 개인적으로 가파도에서의 풍광을 더욱 높이 친다. 바로 앞에 보이는 송악산과 그 너머의 산방산이 그대로 한 폭의 그림이다. 제주의 산세山勢에 대하여 제법 눈썰미를 갖춘 사람이라면 그 몽환적인 화폭 안에서 한라산과 군산 그리고 고근산과 단산도 찾아낼 수 있을 것이다.

제주의 모든 올레가 '휴식'을 표방하고 지향하지만 가파도올레는 '휴식' 그 자체다. 다른 올레들은 모두 하염없이 걸어야 하지만 가파도올레는 걷지 않아도 좋다. 바다 건너의 제주도와 마라도를 감상하고, 청보리밭 사이에 뜬금없이 놓여 있는 고인돌들을 보며 고대의 삶을 상상하고, 이 작은 섬에서의 단아하고 정갈한 삶을 가슴 깊이 느낄 수 있다면 그것만으로도 충분한 것이다. 그 고즈넉한 휴식 속에서 남은 삶을 살아갈 힘과 용기를 충전할 수 있다면 더 이상 바랄 것이 없지 않은가.

사람들 사이에
길이 있다

: 10코스 화순~모슬포···사람과 사람 사이

게스트하우스 '사이'

내가 가장 많이 걸은 올레는 화순에서 하모까지 이어진 10코스다. 이 코스는 물론 경관도 아름답고 길도 아기자기하다. 하지만 그것만으로는 충분하지 않다. 내가 이 코스를 사랑하게 된 것은 어떤 뜻에서 내 의지와는 무관한 일이었다. 복잡다단하게 얽힌 인연의 실타래가 그리 풀려나간 것이다. 눈에 보이지 않는 인연들의 실타래가 건물의 형태로 물화物化된 곳이 10코스 중간 사계리 해안도로에 위치해 있는 게스트하우스 '사이'다.

본래 이곳은 프랑스어로 '바다'라는 뜻을 가진 '라메르'였다. 라메르를 인수한 일군의 사내들은 이곳을 특별한 문화공간으로 만들고 싶어 했다. 그들이 찾아내고 벤치마킹할 대상으로 결정한 곳이 서울 홍대 앞 북카페 '창밖을 봐 바람이 불고 있어 하루는 북쪽에서 하루는 서쪽에서'(이하 창밖)였다. 창밖의 주인은 한때 심산스쿨에서 인문학을 강의했으며 와인반 동문회장을 지내기도 한 이윤호다. 이렇게 해서 라메르—창밖—심산스쿨의 삼각관계가 이루어졌다. 이들을 즉각 의기투합하게 만든 것은 엉뚱하게도 1980년대의 학생운동 혹은 노동운동 경험이었다. 시쳇말로 이리저리 '족보'를 따져 보니 '한 다리 건너 다 아는' 사람들이었던 것이다.

얽히고설킨 인연의 실타래처럼

창밖과 심산스쿨은 라메르의 리노베이션 작업에 참여했다. 표현만 번지르르한 '리노베이션 작업'일 뿐 사실은 우루루 떼거지로 몰려가 점거농성의 형태(?)로 펜션을 점거하고 앉아 와인이나 퍼마시는 모임이었다. 그러는 사이에도 새로운 이름이 정해지고 적용 가능한 컨셉들이 도출되었다. 1층은 도미토리 형태의 게스트하우스, 2층은 와인바 겸 북카페, 3층은 펜션.

새로 정한 이름은 '사이'였다. 사람과 사람의 사이라는 뜻도 되고,

이곳에서 바라보이는 삼 도와 오 산의 사이라는 뜻도 된다. 삼 도란 형제도·마라도·가파도를 뜻하고, 오 산이란 한라산·산방산·송악산·단산·군산을 뜻한다.

창밖과 심산스쿨은 주변에서 나뒹굴고 있는 책들을 그러모아 사이로 보내기 시작했다. 현재 사이의 서가를 채우고 있는 책들은 그런 식으로 모인 것이다. 사이는 이 작업에 참여한 사람들에게 평생무료 숙박권을 주겠다고 했다. 너무 과도한 제안이었다. 우리는 연간회원제라는 새로운 방식을 제안했다. 그나마 '말도 안 되는' 싼 가격이다.

어찌 되었건 이런 식으로 인연의 실타래들이 얽히고설키는 과정에서 사이는 우리의 베이스캠프가 되었다. 사진작가 김진석과 함께 제주올레를 취재할 때 머문 곳도 여기였고, 서명숙 이사장을 위시한 사단법인 제주올레의 사람들을 초대하여 와인파티를 벌인 곳도 여기였다.

내가 제일 먼저 걸은 올레는 10코스다. 다른 이유는 없다. 그저 사이에서 걸어 나오면 그곳이 바로 10코스였기 때문이다. 때마침 와인반 친구들이 우루루 내려와 있었다. 주말을 이용하여 내 딸도 내려와 있었다. 그들과 함께 걸은 10코스는 더없이 활기찼고 가족적이었으며 아름다웠다.

화순해수욕장을 빠져나와 퇴적암지대를 거쳐 모래언덕에 다다랐을 때 우리는 이미 깨달았다. 정말 아름다운 길이로구나! 산방산 밑 해안길을 걸을 때 뒤늦게 도착한 일행들이 맨발로 달려와 합류했다. 그들이 즐거워하는 모습을 바라볼 때 나에게는 감사를 표해야 할 대상이 필요했다. 누구에게 감사할 것인가. 질문은 추상적이되 답변은 간결했다. 바로 제주올레 그 자체다.

잠시 딴 생각을 하면 돌이킬 수 없는 방향으로 풀려 버리는 것이 인연이다. 자칫하면 악연으로 마무리되는 수도 있다. 누군가와 만나 인연을 맺게 되고, 그 인연이 아름답게 풀려 행복한 순간을 공유할 수 있게 된다는 것은 그러므로 얼마나 감사해야 마땅할 일인가. 서명숙과 산티아고의 인연이 그러하고, 제주와 올레의 인연이 그러하고, 심산스쿨과 사이의 인연이 그러하다. 저만치 앞서 몸짓도 발랄하게 걸어가고 있는 딸과의 인연이 그러하고, 함께 와인을 홀짝거리며 이 길을 걷고 있는 친구들과의 인연이 그러하다. 이 모든 인연들을 아름답게 꽃피워준 제주올레에 감사할 따름이다.

1억 5천만 년 전의 인연

제주올레 10코스 전체를 압도하고 있는 영물靈物은 산방산이다. 10코스뿐만이 아니다. 제주 남서해안의 어디에서도 한눈에 파악할 수 있는 랜드마크가 산방산이다. 어느 각도에서 바라보아도 영험한 느낌이 확연하다. 산방굴사가 자리 잡고 있는 남면의 바위 기둥들은 암벽등반가의 피를 끓게 한다. 하지만 욕망을 절제하지 못하여 관계기관에 문의해 봤더니 암벽등반은 금지되어 있다고 한다.

산방산의 기운이 한풀 꺾였다가 용머리해안으로 다시 치솟기 시작하는 곳에 하멜기념관이 있다. 내게 깊은 감명을 준 주경철 교수의 역저 《대항해시대》의 세계가 눈앞에 펼쳐져 있는 셈이다. 풍랑으로 인한 표류(1653) 이후 맺어진 하멜과 제주의 인연 또한 깊이 생각할 거리를 던져 준다.

설큼바당과 사계포구를 지나 해안도로를 걷다 보면 사계 화석발견지에 가 닿게 된다. 방사성 탄소 동위원소 연대 측정에 따르면 약 1억 5천만 년 전에 만들어진 화석이니 참으로 아마득한 인연이다. 2005년과 2007년에는 이 화석들을 주제로 하여 제주에서 국제 학술심포지엄이 열렸는데, 이것을 계기로 새로 만들어진 학문 분야가 바로 '인류 생흔학Homind Ichnology'이다. 1억 5천만 년 전에 만들어진 인연이 제주에서 신학문을 태동하게 만들었으니 이 또한 가연佳緣이라 아니할 수 없다. 제주와 더불어 우리 모두 자랑스러워해야 할 인연이다.

송악산은 우리 국토 최남단에 위치한 산이다. 오르기는 쉬운데 풍광은 장쾌하니 즐겨 찾게 된다. 송악산 정상에 서서 바다를 내려다보면 마라도와 가파도가 코앞이다. 국토 최남단의 섬이니 그야말로 여기가 '땅끝'인 셈이다. 이쯤에서 한잔 안 할 도리가 없다. 모두들 둘러앉아 각자 준비해 온 컵에 와인을 양껏 따른다. 국토 최남단의 산과 섬에게 건배, 우리를 함께하게 해준 아름다운 인연에 건배, 우리를 이곳까지 이끌어준 제주올레에 건배.

다시 발길을 틀어 말 방목장 언덕을 걸어 내려가며 생각한다. 오래전에 어떤 시인이 노래했다지.

사람들 사이에 섬이 있다
그 섬에 가고 싶다

나는 이렇게 노래하련다.

사람들 사이에 길이 있다
그 길을 걷고 싶다

10코스 중간에 자리 잡고 있는 사이에서는 형제도의 모습이 정면으로 보인다

아름다울수록
상처는 깊다

: 11코스 모슬포~무릉…삶과 죽음이 공존하는 역사 올레

마냥 웃을 수만은 없는

5월 말의 제주에서는 벌써 햇살이 따갑다. 아침 일찍 배낭을 들쳐 메고 모여든 일행들은 모두 다 약속이나 한 듯 반바지 차림이다. 오늘의 일행들 중 반가운 얼굴은 10대의 두 소녀들, 출판기획자 이진아의 딸 노진솔과 나의 딸 심은이다. 노진솔은 해외 유학 중 잠시 귀국한 상황이고, 심은은 저 유명한 '한국의 입시 지옥'을 온몸으로 헤쳐 나가고 있는 중이라 이번 휴가가 특별히 소중하다.

목적지로 향하는 차량에서부터 웃음꽃이 터져 나온다. 커다란 공사

11코스는 역사의 기억과 현실의 직시를 요구한다

용 트럭을 빌려 여자들을 모두 운전석 옆자리에 태웠는데 심은만은 유독 트럭 뒤 짐칸에 타겠단다.

"오래전부터 트럭 뒤에 우뚝 선 채 씽씽 달려 보고 싶었단 말이야."

덕분에 짐칸에서도 뒤켠에 쪼그리고 앉게 된 두 남자가 고역이다. 짐칸의 모래가 쉴 새 없이 날려 흡사 사막에서의 게릴라전을 방불케 한다. 누구 못지않은 덩치를 자랑하는 사진작가 김진석과 3D 애니메이터 백동진이 모자로 얼굴을 가린 채 투덜대는 모습을 바라보니 절로 웃음이 터져 나온다.

제주올레 11코스는 그러나 마냥 웃을 수만은 없는 길이다. 섯알오름에 이르니 그 앞에 세워진 입간판의 내용이 가슴을 무겁게 내리누르기 시작한다.

"아빠 보도연맹이 뭐야? 그 사람들을 왜 죽였어?"

눈빛 맑은 10대 소녀들에게 들려주기에는 너무도 끔찍한 역사다. 하지만 이런 기회가 아니면 또 언제 말문을 트랴. 판타지도 필요하지만 현실을 잊어서는 안 된다. 제주올레 코스의 대부분은 멋진 풍광과 판타지를 제공한다. 하지만 11코스는 역사의 기억과 현실의 직시를 요구한다.

도려낼 수 없는 상처

알뜨르 비행장에 이르니 남겨진 관제탑 건물의 잔해가 흡사 설치미술 작품 같다. 가파른 데다 난간이 없어 아찔한 느낌을 주는 계단을 기어 올라가니 탁 트인 전망이 일품이다. 알뜨르는 왜 알뜨르인가? 아래에 넓은 들이 펼쳐져 있기 때문이다. 그 들판은 그러나 일본 제국주의자들의 전쟁 놀음을 위하여 '동원'되었다. 1926년부터 이곳에 대륙 침략을 위한 항공기지를 건설하기 시작한 일제는 중일전쟁 이후 그 규모를 40만 평까지 늘려 놓았던 것이다. 이 대공사에 징발된 제주인들의 고통을 가늠해 본다. 풍광이 아름다울수록 상처는 깊다.

5월의 뙤약볕이 열기를 더해 간다. 아스팔트 위에서 아지랑이가 피어오른다. 그 일렁이는 풍경들 속에 일제의 침략전쟁을 위한 비행기 격납고들이 곳곳에 웅크리고 있다. 도려낼 수 없는 상처들이다. 가해자는 이민족뿐만이 아니다. 백조일손 양민학살터에 이르니 동족상잔의 상처가 또렷하다. 학살된 사람들의 유골이 떼로 묻혀 있는 그곳에 '추모의 길'이라는 이름의 산책로가 나 있다. 어느 순간부터 말을 잊은 아이들이 그 길을 걷는다. 그곳에도 어김없이 달려 있는 제주올레의 파란 리본이 처연하게 흔들린다.

 모슬봉에 오르는 길은 고통스러웠다. 모슬봉 정상 부근에는 무덤들이 많다. 일종의 공동묘지다. 따지고 보면 특별할 것도 없는 풍경이지만 오늘 보고 들은 것들이 모두 끔찍한 역사의 기록들이다 보니 범상한 무덤조차 심상치 않다. 뙤약볕을 피해 모슬봉 아래의 그늘에 널브러져 앉아 요기를 한다. 일행들 모두 말이 없다. 식은 김밥 한 조각을 입에 넣고 우물거리면서 눈치를 살피니 특히 노진솔의 표정이 좋지 않다. 입이 한 주먹이나 앞으로 나온 것은 그저 김밥을 씹고 있기 때문만은 아니리

라. 말을 아끼고 있지만 그녀는 표정으로 항변하고 있었다. 도대체 이런 길을 왜 걸어야 하는 거예요?

제주올레를 1코스부터 시작하여 차근차근 걸어온 사람이라면 '삶과 죽음이 공존하는 역사 올레'라는 컨셉의 11코스에 대하여 기꺼이 동의할 수도 있을 것이다. 그동안 너무 화려하고 멋진 풍경들만 질리도록 보아 왔으니 이쯤에서 한번쯤 거쳐갈 수도 있을 터. 하지만 제주올레를 11코스로부터 시작한다면 자칫 문제가 될 수도 있다. 너무 어둡고 우울하고 지루한 길인 것이다. 하물며 몇 년 만에 고국에 돌아와 신나게 놀고 싶은 청소년이라면 더 말할 나위도 없다. 제주와 조국의 역사는 고사하고 제주올레 자체에 대하여 거부감부터 느끼는 부작용(!)이 생길 수도 있는 것이다. 모든 일에는 순서와 요령이 있는 법. 불만에 가득 찬 그녀의 표정을 보며 나는 오늘의 코스 선택에 대하여 후회했다.

제멋대로 뒤엉킨 카오스의 숲

그래도 뙤약볕 아래의 성지순례는 계속 된다. 정난주는 정약용의 조카딸이자 '황사영 백서사건'으로 죽임을 당한 황사영의 아내다. 온 집안이 풍비박산된 다음 그녀가 유배 온 곳이 바로 이곳 대정이다. 그녀는 남은 삶을 '마리아'라는 천주교 세례명으로 살면서 굳건한 신앙

곶자왈 숲길을 걷다 보면 원시 속으로 빨려 들어갈 것 같은 환각에 젖게 된다

을 지켰다. 정난주마리아 묘는 1994년 제주의 천주교 신자들이 뜻을 모아 설립한 대정 성지다. 하모에서 무릉에 이르는 11코스는 이렇듯 처음부터 끝까지 다양한 죽음들을 음미하고 되새기며 걷는 길이다. 어떻게 죽을 것인가의 문제는 곧 어떻게 살 것인가의 문제이기도 하다. 버겁지만 피해갈 수 없는 주제다.

일행들의 표정에 평화로운 미소를 되찾아 준 것은 코스 말미의 곶자왈이다. 곶자왈은 내가 가본 가장 아름다운 숲이다. 이곳은 일본식 정원처럼 인위적으로 꾸며진 곳도 아니고 박정희식 개발독재처럼 단일 품종의 나무들이 일렬로 도열해 있는 곳도 아니다. 열대 북방한계 식물과 한대 남방한계 식물이 그야말로 '제멋대로 어우러져' 마구 뒤엉켜 있는 카오스의 숲! 곶자왈에 들어서니 5월의 뙤약볕도 힘을 잃는다. 시원한 그늘과 향기로운 풀 냄새가 이승과 생명의 아름다움을 웅변한다. 불현듯 괴테의 탄식 혹은 찬양이 떠오른다. 영원한 것은 오직 저 생명의 푸른 나무다.

당신이 가벼운 마음으로 깔깔거리며 눈을 호강시키고 싶은 사람이라면 11코스는 추천하지 않으련다. 무려 20킬로미터에 달하는 죽음의 길이란 얼마나 버겁고 고통스러운가. 하지만 한번쯤 우리 역사를 되새겨 보고 삶과 죽음의 의미에 깊이 침잠해 보려 한다면 이 길도 나쁘지 않다. 떠나기 전에 제주와 관련된 한국 현대사 한두 권쯤 읽고 온다면 더욱 좋으리라.

모든 관광지란 판타지에 불과하다. 아름다운 풍경 뒤에는 숨겨진 상처가 있다. 상처를 직시하고 그것과 더불어 살아갈 때에만 우리의 삶은 현실에 발을 붙이게 된다. 제주올레 11코스는 그런 길이다.

힘찬 근육 위로
땀을 뿜으며

: 12코스 무릉~용수…지극히 '육체적인' 길

육체는 아름다워라

지구촌 전체가 월드컵에 환호하고 있다. 나 역시 월드컵의 광팬이다. 축구의 힘은 상상을 초월한다. 인류 역사상 최강의 조직을 단 하나만 꼽으라면? 로마교황청도 아니고 볼셰비키도 아니다. 바로 국제축구연맹FIFA이다. 도대체 그 무엇이 축구를 세계 최강의 오락으로 만드는 것일까? 다양한 답변이 가능하다. 나의 답변은 지나치게 단순하다. "그것이 가장 육체적인 게임이기 때문이다."

월드컵 경기를 들여다볼 때 나를 가장 흥분시키는 것은 그 '육체성'

이다. 물론 축구는 대단히 지적인 게임이다. 하지만 축구에서 가장 빼어난 장면들은 전력질주, 몸싸움, 팽팽한 근육, 놀라운 몸놀림, 쏟아지는 땀과 피 등으로 구성된 '육체적인' 순간들이다. 축구를 보면서 우리는 원시적인 동물성을 되찾고, 그 분출되는 에너지에 환호하는 것이다. 빼어난 축구 선수들을 볼 때 나는 언제나 이렇게 감탄한다. 육체는 아름다워라!

제주올레 혹은 모든 걷기 여행의 매력은 그것이 지극히 '육체적인' 길이라는 것이다. 잔머리로 돌파할 수 있는 길이 아니다. 시뮬레이션이란 없다. 그저 온몸의 뼈와 근육을 움직여 자신의 힘을 쏟아 부은 딱 그만큼만 앞으로 나아갈 수 있다는 것, 시인 김수영의 표현을 억지로 빌려 오자면 "온몸으로 밀고 나"갈 수밖에 없다는 것, 그것이 걷기 여행의 매력이고 제주올레의 본질인 것이다.

바이시클 라이더 오명록과의 동행

무릉에서 용수에 이르는 12코스를 걷는 동안 내가 특히 더 '육체성'에 주목하게 된 것은 전적으로 동행인 때문이다. 사운드 엔지니어인 오명록은 심산스쿨을 대표하는 바이시클 라이더요 MTB(산악자전거)맨이다. 12코스에 합류하기 이틀 전에 도착한 그는 첫날 홀로 자전거를 타고 1100고지를 넘어 제주도를 종단했다. 둘째 날도 제주도 해안도로를 마치 속도 경기하듯 내달은 그는 이미 지칠 만도 했건만 여전히 쌩쌩했다. 검게 탄 근육이 잔뜩 긴장한 채 어서 출발 신호가 울리기만을 잔뜩 기대하고 있는 형국이었다.

제주올레에서는 모든 동력 이동수단들을 배제한다. 자동차와 오토바이 등의 통행을 제한하는 것이다. 하지만 자전거라면 사정이 다르다. 자전거라는 용어 자체가 '자가동력으로 움직이는 차'라는 뜻이 아닌가. 그러나 제주올레에서 자전거를 탄 사람을 만나기는 쉽지 않다. 계곡을 이리저리 헤쳐나가고 오름에 오르는 그 길을 자전거로 통과하리라 작정할 까닭이 없기 때문이다.

그래서 오명록과의 동행은 흥미로웠다. 자전거를 타고 제주올레를 돈다는 것이 가능한 일인가? 만약 가능하다면 그것은 즐거운 일일까, 괴로운 일일까, 이도 저도 아닌 뻘짓일까? 결론부터 이야기하자면 충분히 가능한 일이었다. 다만 구간에 따라 자전거를 타는 것이 아니라 들쳐 업고 가야 된다는 것을 기꺼이 감수하기만 한다면.

무릉에서 녹남봉으로 향하는 길은 대체로 평탄하다. 그 길에서 '논'을 발견한 것은 의외의 즐거움이었다. 사실 우리나라에서 지방 여행을 할 때 마주치게 되는 가장 평범한 풍경은 논이다. 그런데 왜 제주에서는 그 평범한 논이 '이채로운 풍경'으로 다가오는 것일까? 전적으로 제주도의 토양 때문이다. 배수성이 너무 좋아 '물을 대는 논'이라는 것 자체가 존재하기 어려운 까닭이다. 덕분에 일행은 '물을 댄 논'이라는 평범하기 이를 데 없는 풍경 앞에서 저마다 사진 찍기에 바쁘다.

논두렁 사이를 통과할 때 오명록의 자전거는 그의 어깨 위로 올라간다. 사실 숙련된 MTB 선수에게 논두렁 달리기란 누워서 떡 먹기보다 더 쉬운 일이다. 다만 소중한 남의 재산에 행여라도 폐를 끼치지 않을까 저어하는 고운 마음 씀씀이의 결과일 뿐이다.

산정에 원형 분화구가 있는 녹남봉에 이르자 드디어 바로미터를 잴 때가 왔다. 자전거를 타고 녹남봉에 오를 수 있을 것이냐의 문제다. 오명록이 이를 악물고 땀을 뻘뻘 흘리며 페달을 밟는다. 결과는? 가뿐한 성공이다. 심지어 그는 사진을 한 장 남기고 싶다면서 그 길을 두 번 오르내린다. 낑낑대며 올라가는 모습도 보기 좋지만 놀라운 속도의 다운힐 역시 멋지다.

녹남봉을 지나 다시 마을길로 접어들자 모두의 탄성이 나온다. 한국이 낳은 세계 골프계의 기린아 양용은의 생가가 그곳에 있었던 것이다. 나는 그의 생가 모습을 보며 감탄했다. 으리으리하거나 삐까뻔쩍한 대저택이어서가 아니다. 오히려 그 반대다. 그의 생가는 제주 어느 마을에 가도 만날 수 있는, 너무 소박하다 못해 빈한한 느낌마저 지울 수 없는, 그런 작고 초라한 집이었기 때문이다.

무어라 표현하기 힘든 감동이 가슴 한 켠을 묵직하게 누른다. 여기 제주도의 가난한 바닷가 마을에서 태어난 한 소년이 있다. 그가 최악의 조건들을 모두 물리치고 의연히 일어나 세계의 정상에 우뚝 섰다. 그야말로 정신의 승리요 육체의 찬가라 아니할 수 없다.

이따금 들쳐 메고 가기를 감수한다면 자전거를 타고 제주올레를 돌 수도 있나

땀 흘린 육체에게 주는 최상의 선물

　12코스의 3분의 2지점에서 만나게 되는 수월봉에서의 조망은 가슴을 툭 트이게 한다. 그 정상에 서서 눈 아래 펼쳐져 있는 바다의 풍광들을 바라보자면 수월봉이 고작해야 해발 77미터에 불과하다는 사실을 믿기 힘들다. 주변의 아무것도 시야를 가로막지 않아 마치 고층 빌딩 옥상층의 파노라마 레스토랑에 앉아 있는 듯 거침없이 한 바퀴를 돌아보면 차귀도, 죽도, 눈섬, 당산봉, 산방산, 한라산이 모두 바투 코앞에 있는 듯하다. 12코스의 하이라이트는 그 이후로 이어지는 엉알길이다. 절벽 아래 위태로운 곡선을 그리며 나아가는 이 길은 오늘 하루 땀 흘린 육체에게 주는 최상의 선물이다.

　이쯤에서 끝나다 싶던 코스는 자구내포구로 접어들면서 다시 새로운 국면을 맞이한다. 마치 깃발처럼 너울대는 반건 오징어들의 향연을 만끽하다가 당산봉으로 접어들면 다시 숲길과 산길이다. 그 정상에는 '새들이 많은 절벽'이라는 뜻의 생이기정이 기다리고 있다.

　생이기정에 서서 바라본 차귀도의 모습은 오랫동안 잊히지 않는다. 때마침 노을이 비껴 있었다. 내가 제주도에서 본 가장 아름다운 노을들 중의 하나다. 당산봉을 벗어날 즈음 파도가 깎아 놓아 마치 조각품처럼 형성된 거대한 절벽을 만난다. 그곳에 퍼질러 앉아 부딪히는 파도 소리와 저무는 해를 바라보며 한동안 묵상에 잠긴다.

　12코스의 끝은 용수포구다. 우리나라 최초의 가톨릭 신부인 김대건

생이기정에서 용수포구로 내려가는 길이 고즈넉하게 펼쳐져 있다

이 중국 상해에서 사제 서품을 받고 귀국하던 중 표류하다가 도착했다는 항구다. 그 앞의 난전에서 반쯤 말린 오징어를 판다. 일행들과 둘러앉아 오징어를 찢고 맥주를 들이켜며 오늘 하루의 행복을 만끽한다.

"땀 흘리고 걸으니까 너무 좋지?"

"그럼요."

"우리가 살고 있는 이 땅덩어리, 너무 아름답지?"

"말이라고 하세요?"

기분 좋게 이어지는 술 취한 대화는 끝이 없다. 혀가 꼬인 채 계속되는 그 모든 대화들의 결론은 단순하다. 현세는 살 만하다. 육체는 아름답다.

제주올레는
축제다

: 13코스 용수~저지... 소박하고 귀여운 이름의 길들

마치 시위하듯 모인

제주올레 1코스가 개장된 것이 2007년 9월이니 벌써 오래전의 일이다. 그 이후로 매 코스가 개장될 때마다 크고 작은 행사들이 열렸고 언론을 통해 그 사실이 알려지기 시작했다. 하지만 개장 행사라는 것 자체가 나와는 무관한 일이었다. 다른 이유는 없고 그저 사람 붐비는 곳을 싫어하는 본래의 성품 탓이다. 아니다. 어쩌면 그것은 타고난 것이 아니라 자연스럽게 터득된 것일지도 모른다. 시간에 얽매이지 않는 자가 굳이 붐비는 시간에 동참할 이유가 무엇이란 말인가.

내게 직업이 없는 것은 아니다. 하지만 직장은 없다. 출퇴근 시간이나 휴일도 따로 없다. 좋게 말해서 프리랜서요 적나라하게 말하자면 백수다. 그런 사람은 직장인의 동선과 시간을 피해 다니는 것이 특권이요 상책이며 예의다. 그런 연유로 나는 주말이나 공휴일에는 산에 가지 않는다. 대책 없이 늘어서서 앞 사람 뒤꿈치만 바라보며 걷고 싶지는 않은 것이다. 직장인은 시간을 담보 잡혀서 월급을 받는다. 프리랜서는 시간을 제멋대로 쓰는 대신 빈한하다. 가난하되 한가롭다는 것, 그것이야말로 백수의 본질이다.

그러므로 2009년 6월 27일 토요일에 열렸던 13코스의 개장 행사는 내게 일종의 충격(!)이었다. 그날은 일단 우리 일행의 숫자부터 만만치 않았다. 김진석사진반의 제자들과 우연히 합류하게 된 출판기획자들, 그리고 게스트하우스 사이의 스탭들까지 합쳐서 거의 열 명에 육박하는 인원이었다. 이 많은 인원들이 함께 움직이자면 버걱대셌군, 하며 내심 걱정하던 나는 개장 행사가 열리는 용수포구에 도착하자 아예 기가 질려 입부터 쩍 벌리고 말았다. 맙소사, 수십 명도 아니고 수백 명도 아니고, 적어도 천 명은 훌쩍 넘을 듯한 사람들이 마치 시위하듯 그곳에 모여 있었던 것이다.

개장 행사에 참가한 아가씨 올레꾼들의 발걸음이 가볍다

낙천리 아홉굿마을에 전시되어 있는 의자들

그래서 따뜻하고 아름다웠다

하지만 놀라움과 낭패감은 오래가지 않았다. 저항감 내지 거부감도 이내 꼬리를 감췄다. 무언가 부정적인 느낌을 가지기에는 그곳에서 분출되고 있는 에너지가 너무 밝고 유쾌했던 것이다. 전국 방방곡곡에서 몰려든 올레꾼들은 한껏 들떠 있었다. 아이를 들쳐 업고 나선 젊은 엄마와 지팡이에 의지해야만 발걸음을 뗄 수 있을 법한 할아버지의 표정들이 너무 밝았다. 식권을 나누어 주고 있는 제주토박이 마을 아낙들의 얼굴에서는 넘치는 자부심이 반짝거렸다. 그들의 기쁨과 설렘 그리고 자부심의 소용돌이 안에서 나는 문득 깨달았다. 그렇다. 제주올레는 축제다.

남들이 오지 않는 평일 낮에 저 홀로 올레를 걷는 백수는 알 길이 없다. 마을과 마을을 잇는 올레를 만들고 그 길을 처음 걷는다는 일이 가지는 축제의 의미를. 쳇바퀴 안에 갇힌 일상을 잠시 벗어 저만치 던져 놓고 금쪽같은 휴일의 시간을 쪼개어 사랑하는 사람들과 함께 올레를 걷는 장삼이사張三李四들의 기쁨을. 쉬어갈 만한 길목마다 집에서 들고 나온 식탁을 가져다 놓고 생전 처음 보는 외래인들에게 시원한 물과 맛깔난 음식을 대접할 때 마을 토박이들이 느끼는 긍지와 자부심을. 그날 내가 본 대규모의 군중 신scene은 제주올레라는 너른 장터에서 토박이들과 뜨내기들이 한데 어울려 신명나게 놀아 젖히는 한판의 유쾌한 축제였다.

제주올레 이사장 서명숙과 소설가 조명래 등이 테이프 커팅 행사를 하고 있다

　굳이 다가가지 않고 먼발치에서 바라본 테이프 커팅 장면도 절로 웃음을 자아내게 한다. 제주올레의 서명숙 이사장은 반바지에 등산복 차림이다. 소설가 조정래의 머리 위에 얹힌 탐험가용 모자가 근사하다. 각진 자세로 가위를 움켜쥔 특전사령부 장교의 표정이 근엄하다. 그들의 뒤로 인산인해를 이룬 채 어서 새 길이 열리기만을 학수고대하고 있는 전국 올레꾼들의 추임새와 어깨춤이 거대한 군무群舞 같다. 그야말로 교과서에서나 보던 '군관민'의 합동작전이다. 이 작전은 그러나 전쟁을 지향하지 않는다. 오직 평화와 휴식을 찬미할 뿐이다. 제주올레의 개장 행사는 그래서 따뜻하고 아름다웠다.

축제는 이어진다

　우리 일행은 개장 행사의 올레꾼들이 썰물처럼 빠져나갈 때까지 용수포구의 방파제 위에 앉아 노닥거렸다. 하늘과 바다가 모두 눈부시게 파랗다. 한쪽에선 실전 사진 강의가 한창이고 다른 쪽에선 출판 일정과 관련된 닦달이 시작되는데 내 귀에는 그저 쇠귀에 경 읽기다. 인파가 조금 뜸해진다 싶을 때 배낭을 메고 일어선다. 작은 마을을 벗어나자마자 곧바로 펼쳐지는 너른 들판이 가슴을 후련하게 한다. 앞서 걷는 아가씨들의 즐거운 수다들이 흡사 새들의 재잘거림 같다.

　용수포구에서 저지마을로 이어지는 13코스는 바다를 버리고 중산간으로 파고든다. 산세山勢는 미약한 대신 곳곳에 숨겨진 작은 밭길과 숲길들이 걷는 이를 즐겁게 한다. 용수 너른 밭길, 복원된 밭길, 특전사 숲길, 고목나무 숲길, 고사리 숲길, 하동 숲길, 터널 숲길, 과수원 잣길…… 제주올레가 붙여 놓은 길 이름들이 소박하고도 귀여워 미소가 절로 지어진다. 오늘 개장 행사의 점심식사 장소는 낙천리 아홉굿마을이다. 이 마을 주민들이 직접 만들었다는 크고 작은 의자들이 천여 개 펼쳐져 있어 흡사 거대한 야외 미술관 같다.

　그늘 아래 의자에 앉아 식권과 맞바꾼 고기국수를 먹는다. 비위가 약한 신참들은 멸치국수에 매달린다. 식당이 아니라 집에서 만든 음식이니 그 정성만으로도 배가 부르다. 그 힘으로 코스 말미의 저지오름까지 내쳐 오른다. 닥나무 울창한 저지오름 정상에서의 조망은 오늘 하루의 노고를 보상해 주고도 남는다.

종착지인 저지 마을회관 앞마당에서 푸짐한 부침개에 막걸리를 기울인다. 흥겨운 수다는 엉뚱한 방향으로 튀었다가 이내 예기치 못했던 결론에 도달한다.

"매번 얻어먹기만 할 수는 없지, 우리도 한턱내자구."

"누구한테?"

"제주올레 사무국."

본래 느려터진 백수들일수록 노는 동작은 빠르다. 곧바로 썩 괜찮은 이태리와인 숍 '빵과 장미'가 있는 제주시로 달려간다. 트렁크에 와인 병들을 가득 채우고 돌아오는 길, 차창 너머 제주 바다에는 붉은 노을이 일렁거린다. 오늘 지는 해는 내일 다시 떠오를 것이다. 축제는 그렇게 이어진다.

오직 영원한 것은
저 생명의 푸른 나무들뿐

: 14-1코스 저지~무릉…영화 속 환상의 초록길

수묵화 또는 소박한 밥상처럼

살다 보면 화려함이 그리울 때가 있다. 매일 보는 얼굴들에 지치고 꿈도 흥분도 기대도 없이 하루하루를 흘려보낼 때, 온통 탈색된 듯 고만고만한 색들에 둘러싸여 어디 하나 방점 찍을 데를 찾을 수 없을 때, 그럴 때 문득 마주친 화려함은 눈과 귀를 즐겁게 하고 상상력을 자극하며 대상 없는 설렘을 우리에게 선사한다.

그러나 또한 살다 보면 화려함에 싫증 날 때도 있다. 마치 스마트폰의 현란한 애플리케이션들 사이에서 정신을 잃고 유영하다가 문득 예

김진석사진반의 호경미가 달팽이를 찍느라 몸을 바짝 낮추었다

전의 투박한 유선전화기가 그리워지는 순간과도 같이, 또는 하나같이 컬러풀한 명품으로 도배질을 한 도시 아가씨들 사이에서 정지용의 시구처럼 "예쁠 것도 없는 맨발의 아내"가 더욱 도드라지게 아름답다고 느껴질 때와 같이.

화려함이 우리를 구원할 것인가? 아니다. 그럴 리가 없다. 화려함은 우리를 흥분시키고 꿈꾸게 한다. 오해 없기 바란다. 흥분과 꿈은 그것 자체로서 충분한 존재 가치가 있다. 다만 구원과는 거리가 멀다는 것뿐. 구원은 보다 단순한 것과 관련이 있다. 굳이 구원까지는 아니어도 좋다. 그저 단순한 위안이어도 좋다. 무엇이 우리를 위안하고 구원할

온통 푸르른 녹차밭이 마치 한 폭의 추상화 같다

것인가? 단순함이다. 화려한 컬러의 유화가 아니라 단순한 수묵화 또는 상다리가 부러지게 차려진 진수성찬이 아니라 그저 반찬 한두 개를 곁들인 소박한 밥상.

저지에서 무릉에 이르는 14-1코스를 걸으며 내내 떠올리고 음미했던 것은 그런 것이다. 단순한 초록의 위안 혹은 원초적인 생명력의 구원. 이 길은 마치 괴테의 명언을 오감으로 체험하도록 만들어진 것 같다.

오직 영원한 것은 저 생명의 푸른 나무들뿐

위안과 구원의 길

14-1코스는 온통 숲이다. 화려한 바다의 풍경도 깎아지른 절벽의 위용도 오밀조밀 아기자기한 사람살이의 흔적도 없다. 그저 숲길을 하염없이 걸어갈 뿐이다. 놀라운 것은 그래도 전혀 지루하지 않다는 점이다. 위안과 구원은 이 길의 굽이굽이마다 넘쳐나 그 길이 채 끝나기도 전에 우리 모두를 깨끗하게 정화해 준다.

정규 코스 이외의 일련번호를 부여 받은 길들은 모두 그 나름의 존재 이유가 있다. 제주올레는 왜 14-1코스를 만들었을까? 답변은 길 위에 있다. 너무나도 단순 명쾌하여 재론의 여지조차 없다. 모슬포에서 무릉에 이르는 11코스의 말미에서 '잠깐 맛만 보여준' 곶자왈이 못내 아쉬웠던 것이다. 이 거대한 곶자왈의 한 귀퉁이만을 흘끔 보여준 것만으로는 도시 성이 차지 않았던 것이다. 그래서 14-1은 곶자왈을 '질리도록' 보여 준다. 그리고 신기한 것은 하루 종일 곶자왈 속을 헤매어도 전혀 질리지 않는다는 점이다.

코스명이 14-1로 결정된 것에 대해서는 이론의 여지가 있다. 곶자왈의 연속성을 강조한다면 11-1이라 했어도 무난했으리라는 생각이 드는 것이다. 11코스의 종점이 무릉이니 이상할 것도 없다. 하지만 코스는 14-1이라 명명되었고, 정방향은 저지에서 무릉 쪽으로 걷는 것이다. 직접 걸어 보니 이 방향 역시 반대로 걸어도 무방하다. 정방향은 곶자왈 좁은 길(저지곶자왈)에서 곶자왈 넓은 길(무릉곶자왈)로 나아간다. 역방향은 그와 반대로 넓은 길에서 좁은 길로 들어간다. 걷는 이의 취향에 따라 결정할 일이다.

14-1코스의 새로운 동행은 호경미. 심산와인반 겸 김진석사진반의 친구인데 미국계 유통업체인 월마트에서 근무한다. 그녀가 이번 올레길에 동참할 수 있었던 것은 엉뚱하게도 미국 독립기념일 덕분이다. 미국 본사의 스탭들이 모두 휴가를 떠나 버려 업무 처리 자체가 불가능하게 된 것. 나 원 참, 살다 보니 미국 독립기념일 덕을 다 본다며 일행들 모두가 껄껄 웃는다.

사실 그녀는 출발 당일 아침까지도 전전긍긍했다. 평소 운동 부족이어서 과연 끝까지 걸을 수 있을까 고민했던 것이다.

제주 특유의 돌담이 자연이라는 캔버스 위에 액자를 만들어 준다

"두 분은 제가 뒤로 처지면 버리고 가실 거지요? 중간에 포기하고 되돌아와도 되나요?"

본래 선수들의 대답은 간결하고 무뚝뚝하다.

"당근 버리고 가지. 글쎄 중간에 퇴각로가 있는지는 가봐야 알지."

하지만 실제 상황은 놀랍도록 순조로웠다. 그녀는 다리 아프다는 내색 한번 보이지 않고, 게다가 무거운 카메라 셔터를 쉬지 않고 눌러대며 그 길고 긴 길을 행복하게 걸었던 것이다. 이 놀라운 친화력과 정다움이야말로 14-1코스가 선사하는 최고의 미덕이다.

팀 버튼 영화 속 환상의 숲길

저지곶자왈에 진입하기 전에 야트막한 오름에 오른다. 초승달처럼 남북으로 길게 이어진 말굽형 오름이다. 문도지오름으로 접어들자 김진석과 호경미의 카메라 셔터가 마치 속사포처럼 바빠 여단힌다. 오름 정상 부위에 제멋대로 늘어선 채 때로는 서로를 애무하고 때로는 서로 장난질을 치고 있는 말들 때문이다. 제주 특유의 조랑말 간세가 아니라 다리가 길고 늘씬하여 잘생긴 녀석들이다. 그들의 자유로움과 한가로움이 지나치는 과객들의 마음까지 푸근하게 한다. 호경미가 뷰파인더에서 눈을 떼며 탄식하듯 말한다.

"여기가 천국이 아닐까 싶네요."

저지곶자왈의 좁은 오솔길은 그 자체로서 생명력의 찬양이다. 곶자왈은 단일 품종의 수목으로 이루어진 숲이 아니다. 남방한계 식물과 북방한계 식물이 제멋대로 어우러지고 휘감아 마치 팀 버튼 영화 속 환상의 숲길 같다. 사철 푸른 생명의 숲은 그 길을 통과하는 자에게 보다 천천히, 보다 여유롭게 살아가라며 지친 어깨를 두드려 준다. 인간 세상의 더러움이 네 본성마저 더럽힐 수는 없다며 눈물겨운 위로의 말을 건넨다. 이 단순한 초록의 길을 걷는 동안 화려함을 그리워할 사람은 없다. 단지 이 길이 오래도록 지속되기만을 무맥하게 기원할 뿐이다.

오설록 녹차박물관에서 녹차아이스크림을 음미하며 잠시 숨을 고르고 나면 다시 무릉곶자왈이 이어진다. 행복한 후반전이다. 조금은 넓어진 그 숲길이 끝나갈 때 즈음이면 우리는 저도 모르게 발걸음을 늦춘다. 이 행복한 초록의 위안에서 벗어나고 싶지 않은 것이다. 제주올레를 처음 걷는다면 14-1코스가 다소 심심할 수 있다. 하지만 그 화려한 제주올레를 모두 걸은 사람이라면 이 단순한 초록의 14-1코스에서 담백한 위안을 맛볼 수 있을 것이다.

남겨진 와인 속에
담긴 추억

: 14코스 저지~한림... 홀로 부슬비를 맞으며 걷던 그 길

추억으로 마시는 와인

벌써 오래전의 일이다. 심산스쿨의 하나밖에 없는 교실의 칠판 옆에 큼지막한 와인셀러를 들여놓자 당시 강의 중이던 김대우 감독이 혀를 끌끌 차며 말했다.

"여기가 도대체 학교야 술집이야?"

아침에 심산스쿨에 들르니 웃음이 절로 났다. 책상들은 '수업 대형'에서 '술집 대형'으로 헤쳐 모여(!)가 되어 있는 상태였고, 칠판 앞에는 아이스박스들과 서른 개도 넘는 와인 병들이 나뒹굴고 있었던 것이다.

나는 들어줄 사람도 없는 혼잣말을 하며 피식 웃었다. 여기가 도대체 학교야 술집이야?

어제는 심산와인반의 월례 모임이 있던 날이었다. 다른 와인 모임들은 뭐 세미나다, 비교 시음이다, 제법 학술적인 내용으로 채워진다던데 심산와인반의 컨텐츠는 단순 무식하다. 그냥 먹고 마시고 놀 뿐. 계절이 계절인지라 어제의 메뉴는 생선회와 육회 그리고 화이트와인이었다. 하지만 언제나 그랬듯이 중간 즈음에 레드와인도 끼어들었고 끝내는 꼬불쳐둔 위스키까지 등장했다. 빈 병들을 주욱 훑어보자니 어제 최고의 화제(?)를 몰고 온 군계일학(!)의 와인병이 눈에 띈다. 바로 제주 월령 선인장마을의 헬스 와이너리에서 만든 '백년초야'다.

백년초 선인장으로 만들었다는 이 와인의 품질에 대해서는 언급하지 않는 게 좋겠다. 다만 서른 개가 넘는 와인 병들 중에 거의 유일하게 '빈 병'이 아닌 상태로 남겨져 있었다는 사실만을 부기해 놓으니 독자 제현께서 짐작해 보시라. 하지만 와인을 꼭 품질만으로 마시는 것은 아니다. 때로는 추억으로 마시기도 한다.

나는 남겨진 '백년초야'를 한 잔 따라 홀짝이면서 제주올레 14코스의 사진첩을 연다. 내가 찍은 사진들 속에 헬스 와이너리의 모습이 보인다. 당시에는 그저 신기한 마음에 셔터를 눌렀을 뿐 구입하지는 않았는데 최근 다시 찾은 제주에서 한 지인이 억지로 배낭 속에 쑤셔 넣어준 덕에 이렇게 만나게 된 와인이다.

백년초 와인을 홀짝거리며 사진 속으로 들어가 그 길을 다시 걷는다. 내게는 14코스의 사진첩이 2개 있다. 하나는 부슬비가 내리던 봄날에 나 홀로 걸은 길이다. 그 길의 추억이 와인 속에 어른거린다. 다른 하나는 높고 파란 하늘이 인상적이었던 가을날에 김진석이 걸은 길이다. 김진석사진반과 이윤호인문반의 친구들이 대거 출연하는 그 사진들은 '걷지 못한 길'에 대한 상상을 마구 불러일으킨다. 그렇게 추억과 상상을 오가는 동안 와인 잔은 연신 기울고 이내 바닥을 드러낸다.

선인장의 길

저지에서 한림에 이르는 14코스는 '다시 바다로 나아가는 길'이다. 용수포구에서 시작하여 숲과 오름을 넘나들며 내륙으로 파고들었던 코스가 다시 돌담길과 하천길과 숲길을 통과하여 바다로 나아간다. 홀로 부슬비를 맞으며 걷던 그 길은 참으로 유장하고 고즈넉했다. 내가 찍은 사진들 속에서 당시 내가 불던 휘파람 소리가 들려오는 듯하다.

얼론 어게인, 내추럴리(Alone Again, Naturally)

14코스는 어쩌면 '선인장의 길'이라 부를 만도 하다. 코스가 시작된 지 얼마 안 되어 김정문알로에의 계약재배 농장을 지나치게 되는 까닭이다. 하지만 이 외래 선인장들은 비닐하우스에 갇혀 있다. 나중에 만나게 되는 월령마을의 자생 백년초들과는 선명한 대조를 이룬다.

    이름도 예쁜 큰소낭 숲길과 오시록헌 농로 그리고 굴렁진 숲길을 지나자 드디어 바닷가에 자리 잡은 백년초의 마을, 월령에 이른다. 사진작가가 아니어도 상관없다. 이곳에 이르면 누구나 카메라의 셔터를 정신없이 누르게 된다. 참으로 독창적인 모습으로 뒤엉킨 채 바다와 하늘을 향해 가시를 곤추세우고 있는 백년초들의 자태가 찬탄을 자아내기에 충분하다. 바위틈에 똬리를 튼 백년초도 신기하지만 집 담벼락에 다닥다닥 붙어 있는 백년초도 경이롭다. 이 마을에서는 뱀이나 쥐가 집안으로 들어오는 것을 방지하고자 이렇게 백년초로 울타리를 만들었다고 한다. 오직 제주에서만 볼 수 있는 이국적인 풍경이다.

행복한 피로감

월령마을부터 한림항까지는 '비양도 갤러리'다. 제주에 딸린 화산섬들 중 가장 최근(!)에 생성되었다고 하는데 그게 천 년 전의 일이다. 고작해야 백 년도 못 사는 인간들로서는 상상의 저편에 속하는 거대 담론이 눈앞에 현현해 있는 셈이다. 발길을 옮기고 각도를 틀 때마다 모습을 달리하는 비양도의 자태는 아무리 봐도 지겹지가 않다. 지겹기는커녕 저 섬의 구석구석에는 어떤 비경이 숨겨져 있을까 궁금해지기까지 한다. 이 역시 제주올레의 후유증이다. 제주올레 덕분에 가파도와 추자도까지 드나들게 되면서 '섬에서 섬으로 들어가는 즐거움'에 눈뜨게 된 까닭이다.

김진석의 사진들을 들여다보니 그들 역시 이즈음에서 발걸음의 속도를 늦추기 시작한 듯하다. 사진과 낚시는 해 뜰 무렵과 해 질 무렵에

김진석사진반의 서영우가 푸른빛과 파란빛에 반해 카메라를 놓지 못한다

가장 좋은 결과를 얻는다. 사진 속 사람들의 그림자가 길어진다. 사진 속 풍광들에 노을빛이 비껴들기 시작한다. 그토록 아름다운 비양도가 어둠 속으로 서서히 잦아들기 시작한다. 이제 실루엣만으로 남은 그 섬이 추억의 갈피 한 켠에 조용히 각인되어 간다. 추억은 그렇게 잠시 몸을 숨겼다가 전혀 엉뚱한 매개체로 인하여 불현듯 되살아나는 법이다. 선인장와인의 마지막 남은 한 방울을 목구멍으로 넘기니 나 홀로 걸었던 14코스의 마지막 장면이 떠오른다.

한림항 비양도 선착장 부근의 허름한 선술집이었다. 때는 봄이었고 평일이었으며 하루 종일 부슬비가 내리던 날이었다. 14코스는 길다. 거의 20킬로미터에 육박한다. 고어텍스 재킷을 걸치거나 우산을 써도 옷이 젖기는 마찬가지다.

선술집 탁자 위에 배낭을 내려놓으니 행복한 피로감이 혼곤히 밀려온다. 저무는 바다가 바라보이는 창문 앞 탁자에 앉았다. 손님이라고는 나 혼자뿐이었다. 나는 전복회를 씹으며 묵묵히 한라산을 마셨다. 해가 저물고 있었다. 평화로운 저녁이었다. 더 이상 바랄 게 없는 완벽한 하루였다.

작은 산이
큰 산을 가린다

: 15코스 한림~고내···고내에 올라 한라를 보다

한겨울의 올레길

연일 찜통더위와 열대야가 기승을 부리고 있다. 내 생애 가장 무더운 여름이다. 단순히 덥기만 한 것이 아니라 습도까지 높아 일본이나 홍콩의 날씨를 연상시킨다. 끔찍한 것은 이런 더위가 8월 내내 계속되리라는 것이다. 더욱 끔찍한 것은 이런 이상기후 현상이 이제는 돌이킬 수도 없어 매년 반복되리라는 사실이다. 자연이 우리가 저지른 패악의 빚을 받으러 온 셈이니 모른 체할 수도 없고 원망할 수도 없다. 그저 업보業報일 따름이다. 이런 날씨에는 한겨울에 걸었던 올레길을 되돌아

눈발이 휘날리는 올레길 역시 또 다른 감흥을 전해 준다

보며 사진 속에서나마 찬 기운을 느껴 보는 게 상책일지도 모른다.

제주올레 15코스는 2010년 정월 초에 걸었다. 폭설이 내린 사려니 숲길과 한라산을 오르내리며 한겨울의 정취를 흠뻑 만끽했던 나날이었다. 사진을 들여다보니 15코스를 걷던 날도 간간이 싸락눈이 흩날리고 있다. 하늘에는 검은 구름이 낮게 깔리고, 올레길에는 채 녹지 않은 눈이 드문드문 흩어져 있으며, 함께 걸은 일행들 모두 두터운 겨울옷으로 중무장한 상태다. 그들의 얼굴을 들여다보고 있자니 문득 그리움에 젖는다. 이리저리 뒤엉킨 시절 인연 덕분에 한겨울의 올레길을 함께 걸었던 사람들이다.

눈이 쌓여 있는 올레길을 더운 입김을 내뿜으며 걷는다

길 떠나기 전에 커피나 한잔

이번 올레길의 새로운 동행은 네 명의 여자들이다. 가장 오래된 인연은 전주에서 내려온 초등학교 교사 최상. 2005년 가을, 전주에서 약 서너 달간 시나리오 워크숍을 주재한 바 있는데 그때의 인연이 지금까지 이어져 오고 있다. 그녀는 이후 심산스쿨의 열혈 수강생이 되어 와인반, 인디반, 신화반, 사진반 등을 수료했다. 매주 전주와 서울을 오간다는 것이 꽤나 벅찬 일일 텐데도 언제나 밝은 미소를 잃지 않는 멋진 아가씨다. 겨울방학을 맞은 그녀는 여중에 재학 중인 예쁜 조카 김나형을 데리고 제주로 와서 올레길에 동참했다.

오명선과의 인연은 참으로 절묘하다. 광치기에서 온평에 이르는 2코스를 걷던 중이었다. 우연히 동행하게 된 대구 아가씨가 '우도에서 만난 흥미로운 아가씨' 이야기를 해줬다. 서울 출신인데 우도로 놀러 왔다가 몇 달째 그곳에서 주저앉아 있다는 것이다. 그런데 온평에 거의 다다랐을 때, 이야기 속의 그 아가씨가 마치 마술처럼 내 앞으로 깡총 뛰어나왔다. 그녀가 바로 오명선이다.

오명선은 이후 나의 소개로 알게 된 게스트하우스 사이에서 반년 넘게 매니저로 일했다. 그러나 방랑벽이 도진 인간은 한곳에 오래 머물 수 없는 법. 틈만 나면 인도 타령을 해대는 그녀에게 마라도 기원정사의 혜진 스님이 새 길을 열어 줬다. 스님이 인도에 세운 학교에 가서 일히며 머물러 보라는 것. 15코스는 내가 그녀와 함께 걸은 마지막 길이다.

　마지막 동행은 다큐멘터리 프로듀서 고명현이다. 그녀가 나의 시나리오 워크숍에 참가한 것도 극영화를 만들기 위해서가 아니라 다큐멘터리영화를 만들기 위해서였다. 수영과 등산에 능한 그녀는 내추럴 본 아웃도어 걸이다. 사진 속의 그녀를 보고 문득 생각이 나서 전화를 걸어 봤더니 이 삼복더위에 지리산 능선을 걷고 있단다. 새로 맡게 된 〈한국기행〉이라는 프로의 첫 번째 주제가 '지리산'이어서 보름 동안을 꼬박 지리산에서 뒹굴게 되었다고 하니 참으로 못 말릴 아가씨다. 나는 전화기에 찬바람을 불어넣었다. 우리가 함께 걸었던 15코스를 떠올리며 이가 시리던 겨울 바다의 바람을 다시 한번 느껴 봐.

　그들과 함께 걸은 15코스는 아름다웠다. 풍광이 아름다워서가 아니라 그들과의 인연이 소중했기 때문이다. 유쾌 발랄한 열네 살의 소녀 나형이는 길이 방향을 틀 때마다 가파른 소프라노의 탄성을 냈다. 우리는 길이 아니라 그녀가 예뻐 웃었다.

　한림읍 대림리를 지나갈 때였다. 길가의 비닐하우스에서 갑자기 뛰쳐나온 할머니 한 분이 다짜고짜 우리를 잡아끌었다. 어안이 벙벙한 채로 끌려 들어갔더니 날도 차가운데 커피나 한잔 하고 가란다. 무엇을 사가라거나 이야기나 좀 나누자는 것도 아니었다. 그냥 따뜻한 커피나 한잔, 그뿐이었다. 할머니가 손수 끓여 주신 커피를 홀짝이자니 가슴 한 켠이 따뜻해졌다. 물론 스쳐 지나가는 인연일 따름이다. 하지만 이 얼마나 소중하고 아름다운 인연인가. 문득 밥 딜런의 노래가 생

15코스는 네 명의 여자들과 함께 걸었다

비닐하우스에 들어가 커피를 얻어먹으며 마늘을 깠다

각났다.

길 떠나기 전에 커피나 한잔(One More Cup of Coffee for the Road)

작은 인연들이 소중하다

　15코스의 풍광도 물론 훌륭하다. 연못을 휘감는 버들못 농로, 배롱나무가 우거진 백일홍길, 끝내 돼지는 만날 수 없었던 도새기 숲길. 하지만 내 기억 속에 남아 있는 것은 차가운 겨울바람을 뚫고 유쾌하게 치솟던 그녀들의 웃음소리뿐이다. 최상과 오명선과 고명현은 그날 처음 만났다. 처음 만난 사람들을 마치 십년지기처럼 만들어 놓는 것이 바로 제주올레의 힘이다. 그 힘에 이끌려 우리는 홀린 듯 걸었다. 그래서 눈이 녹아 질퍽해진 아스팔트길도 추위 때문에 인적이 끊긴 을씨년스러운 골목길도 모두 즐겁기만 했다.
　내 생각에 15코스의 하이라이트는 애월읍에 위치해 있는 고내봉과 그 둘레길이다. 봉우리 북서쪽에 자리 잡고 있는 고내마을은 15코스의 종점이기도 한데, 제주도 전역에서 '한라산이 보이지 않는' 몇 안 되는 마을들 중 하나다. 무엇이 시야를 가로막고 있을지는 뻔하다. 다름 아닌 고내봉이다. 해발 175미터에 불과한 고내봉이 남한 최고봉인 1950미터의 한라산을 가린다? 참으로 아이러니컬하다. 시인 이성부는

백두대간을 종주하며 쓴 165편의 시를 한데 모아 산시집山詩集을 상재한 바 있다. 그 시집의 제목이 고내마을을 떠올리게 한다. "작은 산이 큰 산을 가린다."

그래서 고내마을 사람들은 고내봉을 미워하거나 싫어할 것인가? 그렇지 않다. 오히려 정반대다. 20분만 걸어 올라가면 고내봉 정상이다. 그곳에서 바라보는 한라산이야말로 최고의 경관이다. 탁 트인 전망 속에 한라산을 감상할 수 있는 마을 뒷산을 가지고 있다는 것, 이것이야말로 고내마을 사람들의 특혜요 자부심인 것이다.

고내에 올라 한라를 보며 상념에 잠긴다. 작은 산이 큰 산을 가린다. 그 작은 산에 올라야 큰 산이 제대로 보인다. 그래서 작은 산이 더욱 소중하다. 우리들의 인연 역시 마찬가지다. 소소한 인연들의 실타래가 한없이 뒤엉켜 있는 것이 우리의 삶이다. 그 하나하나의 작은 인연들이 모두 소중하다. 그 인연들을 한자리에 모아 이렇게 어우러지게 하는 것이 바로 제주올레의 힘이다. 제주올레는 그 자체로서 하나의 거대한 인연인 것이다.

길 위에서
에스프레소를 구하다

: 16코스 고내~광령…35년 묵은 다정한 친구와 걸은 길

4월 아니면 10월

하도 뻔질나게 제주에 들락거리니 지인들이 자주 묻는다.
"제주에는 언제 가는 게 제일 좋아요?"
나의 공식적인 대답은 미리 정해져 있다.
"사시사철 아무 때나, 태풍 불 때도 좋고 폭설 올 때도 좋고."
하지만 휴가를 낼 때마다 슬금슬금 상사의 눈치를 봐야만 하는 직장인들이 그런 빤한 대답은 집어치우라며 눈을 흘기면, 보다 솔직한 모범답안을 내미는 수밖에 없다.

"4월 아니면 10월, 그때가 하늘도 높고 꽃도 예쁘고 날씨도 좋아."

4월의 올레길

제주올레 16코스는 유채꽃과 벚꽃이 서로 자웅을 겨루던 2010년 4월에 다녀왔다. 이번 올레길의 새로운 동행은 세 명의 남자다. 먼저 김주영은 나의 중학교 동창인데, 심산와인반 동문회인 '샤또몽벨'의 회장을 맡고 있다. 샤또몽벨이 활성화되고 지금처럼 화기애애한 커뮤니티가 될 수 있었던 것은 거의 전적으로 그의 음덕蔭德에서 연유한다.

얼마 전 그의 친형과 더불어 식사를 할 기회가 있었는데, 그가 가져온 와인이 1975년 빈티지의 생테밀리옹 그랑 크뤼였다. 웬 1975년? 눈이 휘둥그레진 내가 묻자 그는 아무렇지도 않게 말했다. "우리가 처음 만난 해잖아." 1975년! 35년 묵은 다정한 친구가 곁에 있다는 것은 내 인생의 커다란 축복이다.

나머지 두 명은 명로진인디반 출신의 젊은 작가들이다. 조한웅은 최근 떠오르는 인디라이터로서 크게 각광받고 있는 친구인데 데뷔작인 《낭만적 밥벌이》나 후속작인 《독신남 이야기》 모두 평단과 독자들로부터 좋은 반응을 얻은 바 있다. 본명보다 필명 '키키봉'으로 더 유명한 이 친구에게는 '별것 아닌 이야기small talks'를 유머러스하게 풀어내는 특별한 재능이 있다. 최근 야영에 재미를 붙여 들로 산으로 싸돌

제주 여행의 최적기는 4월 혹은 10월이다

아다니는데 이번의 제주행에서도 집채만 한 배낭에 텐트까지 짊어지고 왔다.

그와 함께 '백작'이라는 작가 모임에 참가하고 있는 서승범은 최근 잡지사 기자를 그만두고 프리랜서로 독립한 친구다. 찌질한 농담을 즐기는 키키봉과는 달리 듬직한 성품을 가진 그는 사진에도 제법 조예가 깊다. 전혀 어울리지 않을 것 같은 이 두 친구가 단짝 야영 멤버라는 사실이 내게는 일종의 미스터리다. 서승범과 길을 걷다가 우연히 알게 된 놀라운 사실 하나.

"저희 아버님이 예전에 소설을 좀 쓰셨어요. 아마 말씀 드려도 잘 모르실 거예요."

어찌나 심드렁하게 말하든지 나는 정말 그분이 무명 소설가인 줄 알았다.

"성함이 어떻게 되시는데?"

"정 자, 인 자, 쓰십니다."

으악! 나는 하마터면 고함을 지를 뻔했다.

"아니 네가 서정인 선생님의 아들이라구? 전북대에 계시던?《강》과 〈달궁〉을 쓰신 바로 그 서정인 선생님?"

신임도댓불과 남두언대를 지나 중엄새물쯤 이르렀을 때였다. 중학교 시절부터 나 못지않게 문학예술 분야에 관심이 많았던 김주영이 불쑥 대화에 끼어들며 서승범을 타박한다.

"아니 승범 씨는 자기 아버님이 얼마나 유명한 소설가인지도 몰랐

나 보네?"

나 역시 와인 잔을 홀짝거리며 계속 몰아붙인다.

"그분, 베스트셀러 작가는 아니셨어도 아주 독창적인 자기 세계를 구축하신 분이야. 특히 〈달궁〉, 같은 제목의 연작소설을 거의 서른 편 넘게 쓰셨는데, 당시의 내게는 신선한 충격이었어."

대화가 한창 무르익고 있는데 키키봉이 예의 그 뻘쭘한 표정으로 뒷머리를 긁으며 엉뚱한 질문을 들이댄다.

"저 그런데…… 이 근처에 어디, 버너용 가스 파는 데가 없을까요?"

핸드프레소라는 야외용 에스프레소 머신이 있다. 20센티미터 정도 되는 망치처럼 생겼는데, 손으로 펌프질을 하여 압력을 높인 다음, 그 압력을 이용하여 커피 가루로부터 에스프레소를 뽑아내는 장비다. 키키봉이 새로 마련한 야영 장비들 중의 하나인데 어찌나 자랑을 해대던지 모두들 잔뜩 기대에 부풀어 있던 중이었다. 그는 어젯밤 한라산을 눕히며 호언장담을 했다.

"내일 경치 좋은 데가 나타날 때마다 제가 즉석에서 뽑아낸 에스프레소를 음미하게 해드리겠습니다!"

그런데 핸드프레소를 작동시키려면 뜨거운 물이 있어야 된다. 키키봉은 버너도 준비하고 물도 준비했다. 그런데 물을 끓일 버너용 가스를 안 챙겨 온 것이다.

김주영과 의남매지간인 신명희가 비아냥거리기 시작한다.

"흐이구, 키키봉 하는 일이 다 그렇지 뭐."

더위에 지친 김주영은 벌렁 누웠고, 드디어(!) 물을 구한 조한웅은 에스프레소를 만든다

김영희가 얄미운 시누이처럼 끼어든다.

"여기 소금빌레를 이용해서 뜨거운 물을 만들 수는 없을까?"

이후는 코스가 끝날 때까지 이하동문이다.

"수산리 저수지에 물이 가득 있으면 뭐하나, 뜨거운 물 한 고뿌가 없는걸."

"저기 사당에 한번 들어가 봐라, 누가 뜨거운 물 한잔 바쳐 놨을지도 모르잖니?"

키키봉은 그럴 때마다 얼굴이 발개져 가지고 여기저기로 뛰어다녔으나 결과는 매한가지, 허리춤에 매단 핸드프레소 기계만 덜렁거리며 돌아왔을 뿐이다. 그때마다 우리는 배가 아프게 웃어댔다. 고내에서 광령에 이르는 16코스는 그렇게 껄렁한 농담을 나누며 비실비실 걸었던 길로 내 기억에 남아 있다.

가도 그만 안 가도 그만

키키봉에게 최후의 반전 기회를 준 것은 항파두리 항몽유적지였다. 유적지 입구의 편의점에서 드디어 '꿈에 그리던' 뜨거운 물을 얻어 올 수 있었던 것이다. 조한웅과 서승범 콤비가 숙달된 조교들처럼 능숙하게 에스프레소 커피를 뽑는다. 한 친구가 펌프질을 하면 다른 친구가 가루 커피를 꾹꾹 눌러 담고, 가느다란 분출구로 향긋한 커피가 나오면 다시 그것을 에스프레소로 아메리카노로 바쁘게 서빙해댄다. 일행들의 태도도 이쯤에서 돌변한다.

"역시 한웅이는 훌륭한 청년이야. 야아…… 야외에서 이렇게 제대로 된 커피를 마실 수 있다니 정말 고마워, 너는 원래 뭘 해도 성공할 놈이었어."

코스 내내 화제의 중심이자 구원의 판타지(?)였던 커피를 마시자 갑자기 맥이 탁 풀린다. 맨 먼저 김주영이 꼬리를 내린다.

"오늘 걸을 만큼 걸었고…… 이제 어디 가서 회에다가 한라산 한잔 어때?"

약삭빠른 최상식이 재빨리 그리로 붙고 곧이어 김영희와 신명희도 배신을 때린다. 뭐 아무래도 상관없다. 각자 저 좋자고 걷는 길이다. 가도 그만 안 가도 그만인 것이 우리의 자유분방한 올레길이 아닌가.

결국 항몽유적지에서 다시 배낭을 지고 일어나 코스의 끝까지 완주한 사람은 나와 커피 브라더스 두 사람뿐이다. 더 이상 키키봉 놀려 먹을 일도 없으니 걸음이 빨라진다. 항몽유적지 입구에 조성된 환상적인 유채꽃밭을 바삐 가로질러 청화마을로 내닫는다.

종착점인 광령에 제일 먼저 도착한 나는 길가의 중국집에 들어가 다짜고짜 요리부터 시킨다. 그리고 땀이 식기 전에 시원한 맥주 한 잔! 이것이 산행 혹은 여행을 할 때 내가 제일 중요하게 생각하는 제1원칙이다. 맥주 한 병을 다 비웠을 즈음 탕수육과 마파두부가 나오고 곧이이 커피 브라더스가 도착한다. 이제 남은 것은 계속 껄껄대며 먹고 마시는 일밖에 없다.

그리고 16코스의 엔딩 타이틀이 올라갈 때 보너스 트랙처럼 덧붙여진 에필로그 한 토막. 제주도에서 돌아온 지 보름쯤 되는 어느 날이었다. 조한웅과 서승범이 느닷없이 내 집필실로 쳐들어왔다. 그들의 손에는 흉기 같은 것이 들려 있었다. 얼핏 보아 망치 같기도 했다. 하지만 포장을 끌러 보니 망치 모양의 핸드프레소였다. 조한웅이 수줍게 피식 웃었다.
"그때 보니 내심 탐내시는 것 같길래 백작에서 십시일반으로 돈을 모아 하나 새로 샀어요."
그야말로 망치로 뒤통수를 한 대 얻어맞은 것 같은 감동이었다.

제주올레,
박물관에서 걷다

: 17코스 광령~산지천···이제는 성찰이 필요한 시간

편의점에서 아침밥을

광령에서 제주시 동문로터리의 산지천 마당까지 이어져 있는 제주 올레 17코스는 왁자지껄했다. 제주공항을 지나 제주시의 도심까지 진출했으니 그 어느 코스보다 도회적 분위기가 많이 풍겼을 뿐만 아니라 동행한 사람들의 숫자 또한 많아서 그랬다. 심산스쿨의 사진반, 와인반, 인디반 등 다양한 커뮤니티에서 참여한 동행들이 열 명을 훌쩍 넘겼던 것이다. 게다가 17코스는 제법 길다. 18.4킬로미터라면 걷기에 익숙하지 않은 사람에게는 꼬박 한나절이 걸리는 길이다. 그렇다면 아침

광령의 한 편의점 창고에 둘러앉아 아침식사를 하고 있는 일행들

일찍 출발을 서둘러야 한다.

일행들 모두 눈을 뜨자마자 부스스한 얼굴로 서둘러 배낭을 메고 나왔다. 우리가 묵었던 숙소에서 광령까지 꼬박 1시간 가까이 걸리는지라 아침식사도 생략하고 길을 나섰던 것이다.

"출발 지점 근처에 무슨 편의점 같은 게 있을 거야. 거기서 간식거리나 잔뜩 사서 우적거리면서 가자구."

그런데 그 출발 지점의 편의점에서 예상치 못한 일이 벌어졌다. 편의점 여주인이 초췌한 인상의 우리 일행을 보더니 다짜고짜 이렇게 물었다.

"하이고, 다들 참 내 여기 뭐 볼 게 있다고…… 아침이라도 잡숫고 나선겨? 아침도 못 먹었다고? 그럼 쫌만 기다려, 내가 밥을 해줄랑게, 대신 반찬은 그냥 된장찌개에 김치 쪼가리뿐이여."

세상에, 열 명이 넘는 인원이 편의점에서 아침밥을 먹는다? 그것도 전자레인지에 돌린 햇반 따위가 아니라 제대로 된 밥솥에 지은 밥을? 커다란 냄비에 펄펄 끓인 된장찌개와 손으로 쭉쭉 찢어 내놓은 '집에서 담근 김치'가 한 상 가득 차려지자 일행들 표정이 절로 헤벌쭉해졌다. 서울에서라면 상상도 할 수 없는 일이다. 우리는 편의점 창고 안에 급조한 어설픈 식탁에 둘러앉거나 선 채로 허겁지겁 '따스한 아침밥'을 먹었다. 참으로 맛있게 먹었다. 유쾌한 농담과 즐거운 허튼소리들이 끊이지 않는다. 제주올레 17코스는 그렇게 처음부터 와자지껄 웃고 떠든 길로 내 기억 속에 남아 있다.

제주공항에서 5분 거리

무수천은 근사하다. 우리가 걷는 길의 발아래 저만치 뚝 떨어진 곳에 기암절벽들이 꺼져 있고 그 사이로 옅은 물이 흐른다. 비가 많이 오면 우회하라고 쓰여 있는 것으로 보아 이따금씩 절벽 허리께까지 물이 차오르는 모양이다. 실없는 농담들은 지형에 따라 변주된다.

"내년 장마 때는 여기 와서 래프팅이나 해볼까?" "원대 위에서 비박하면서 와인이나 한 상자 비우고?"

　내도동의 알작지(조약돌) 해안에 이르자 여기저기 낚시꾼들이 보인다. 이쯤 되면 또 프랑스에 낚시·와인 기행을 다녀온 무용담을 적당한 뻥을 섞어 늘어놓지 않을 수가 없다. 알작지해안 근처의 작은 성황당에서 할머니 두 분이 제를 지내고 있다. 우리에겐 관광일지 몰라도 그들에겐 생활이다. 웃고 떠들던 일행들의 목소리가 얼기설기 돌로 쌓아 올린 성황당 앞에서는 저도 모르게 잦아든다.

　이호테우해변을 지나 도두동 추억애愛거리에 접어들자 다시 셔터 소리들이 터져 나오기 시작한다. 굴렁쇠 굴리기, 고무줄놀이, 공기놀이 등 추억의 놀이들이 다소 어설픈 조각으로 형상화되어 있는 곳이다. 일행들은 말타기놀이 조각 위에 이어서 걸터앉아 조각과 가위바위보를 하며 깔깔댄다. 참 흔한 말로 애 큰 게 어른이지 싶다.

　이쯤에서 또 한 명의 동행이 합류한다. 서울에서 비행기를 타고 와 이제 막 제주공항에 내린 박민주. 군대에 갔다 온 잘생긴 아들을 둔 중년의 여성 작가인데 어떻게 해서든 이번 여행에 끼고 싶어 이렇게 무리를 했단다. 하지만 따지고 보면 무리도 아니다. 제주공항에서 도두동까지는 택시로 5분 거리에 불과한 것이다. 17코스는 그렇게 우리와 가깝다.

　도두봉에 오르자 제주 북부해안과 제주시의 풍광이 장쾌하게 펼쳐진다. 광령에서 10킬로미터 정도 떨어져 있는 곳이니 17코스의 중간쯤 된다. 그동안 뻔질나게 드나들었던 제주공항의 활주로가 발아래로 뻗어 나가 있다. 저마다 숱한 사연들을 가슴에 품은 사람들을 태우고 비행기는 끊임없이 앉고 뜬다.

도두봉 정상에 서서 문득 제주올레와의 인연을 다시금 되새겨 본다. 고마운 인연이다. 즐거운 인연이다. 고맙고 즐거운 인연들이 아름답게 얽혀져 이토록 좋은 사람들과 함께 나는 지금 이 자리에 서 있는 것이다. 그 사이 제주올레와 제주도에 대한 사랑이 가슴속 가득 들어차 있는 것이 느껴진다.

박물관 특별전시실

도두봉에서 내려와 제주공항을 바닷가 쪽으로 우회한 다음 제주시로 진입하는 길은 또 다른 설렘을 준다. 서울 사는 사람들은 서울을 지겨워한다. 그래서 훌쩍 지방으로 여행을 떠난다. 그래도 돌아오는 길에 서울이 보이면, 서울의 그 화려한 불빛과 고층건물들이 보이기 시작하면, 이상하게도 반갑다. 여기가 내 고향이자 삶의 터전이지 싶은 것이다. 제주시의 도심으로 진입하는 길에 느끼는 일종의 설렘도 그런 것이 아닐까 한다. 도시에 대한 설렘, 중심에 대한 갈망, 편의시설들에 대한 기대, 문화적 공간에 대한 그리움.

용두암을 지나 용연 구름다리를 지나면 '비취빛 벼랑에 새겨진 옛 시'들의 공간에 다다른다. 한라산 백록담에서 발원한 한천大川이 바다

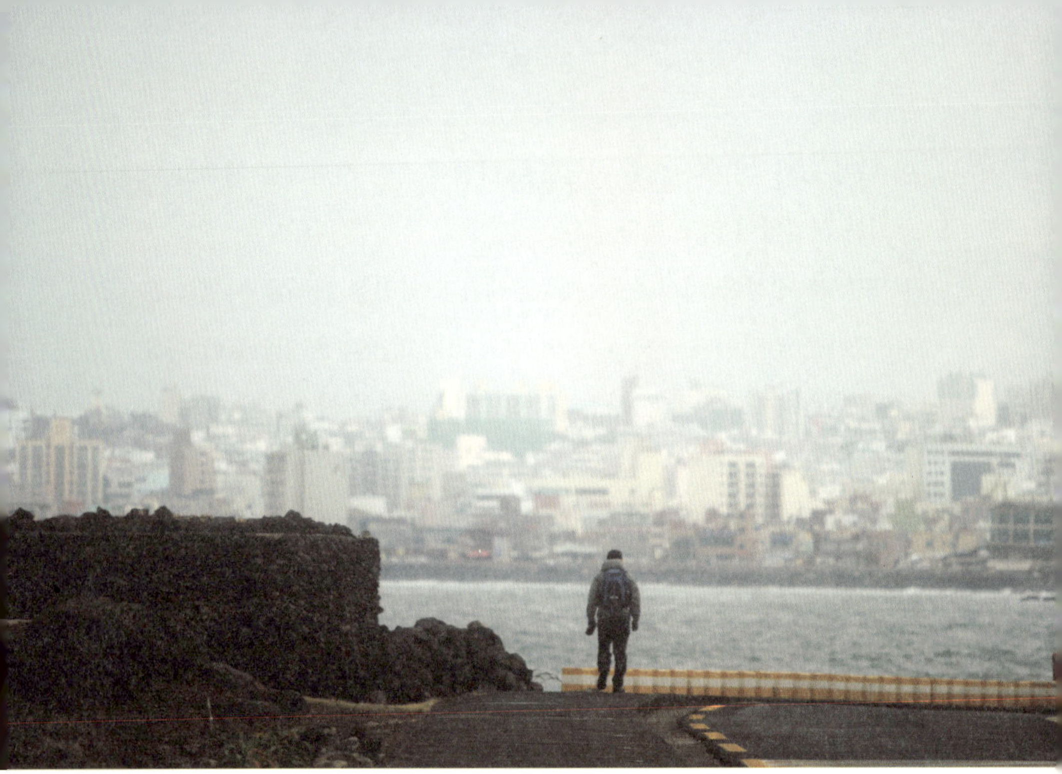

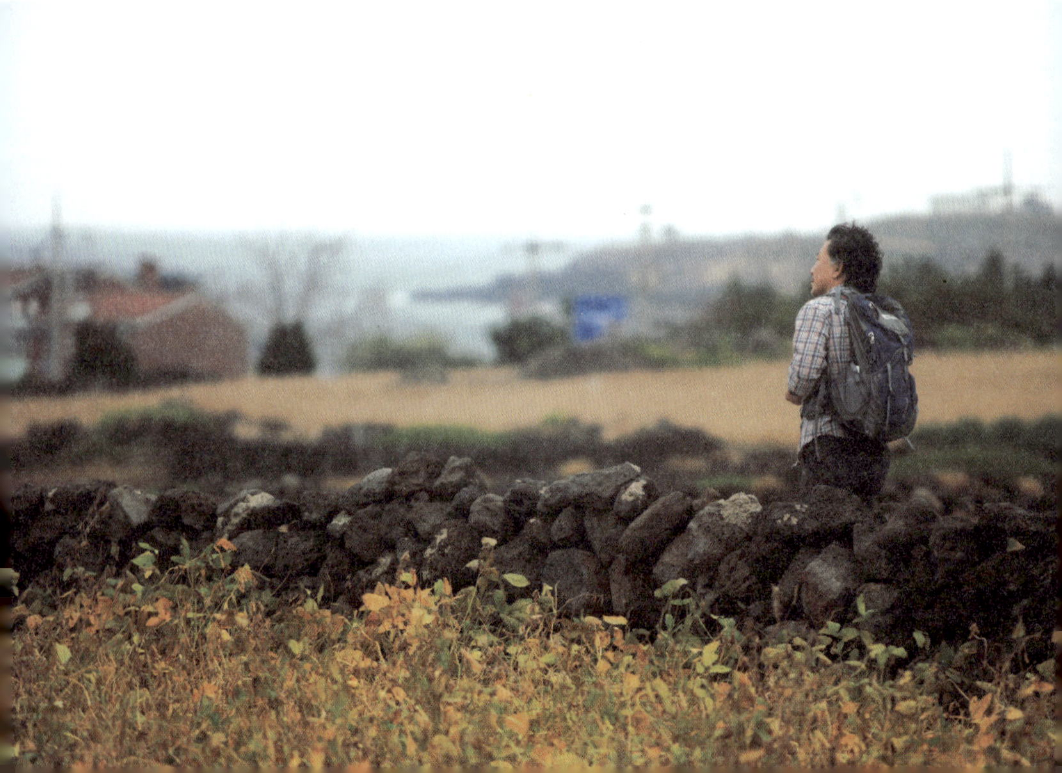

로 흘러드는 이 냇골은 예전부터 취병담 혹은 선유담이라 불렀다. 비취빛 벼랑이 병풍처럼 둘러싸인 연못 혹은 신선이 와서 노닐던 연못이라는 뜻이다. 숱한 시인 묵객과 관리들이 이곳에 와 멋진 한시들을 남기고 글씨를 새겼는데 그 유적들을 모아 조성해 놓은 공간이다. 낯익은 이름들이 여럿 보인다. 처음 보는 한시들도 여럿 보인다. 하루 종일 걷느라 지친 발걸음을 잠시 멈추고 선조들이 남긴 문자향 서권기에 잠시 도취해 본다.

제주목관아를 지나 오현단에 이르렀을 때에도 선조들이 남긴 시비詩碑들이 내 발길을 붙잡는다. 송시열의 눈물과 김상헌의 회한과 송인수의 충성이 마음을 차분하게 가라앉힌다. 누군가 그런 말을 한 적이 있다.

"우리에게는 대영박물관이 없다. 하지만 우리가 사는 국토 전체가 하나의 커다란 박물관이다."

제주라고 하여 예외일 리 없다. 제주올레 역시 하나의 커다란 박물관 안을 걷는 일에 다름 아니다. 그 박물관의 전시품들은 17코스로 접어들면서 보다 촘촘히 진열되어 있다. 아무래도 제주도의 정치 · 경제 · 문화가 집중된 곳이 제주시이기 때문일 것이다. 17코스의 종점인 산지천 마당 부근은 이에 박물관 특별전시실이라 할만하다. 우리는 지금 제주라는 거대한 문화의 한 중심에 서 있는 것이다.

호흡을 가다듬고

나로 하여금 제주올레를 걷기 시작하도록 최초의 빌미를 제공한 사람은 신명희다. 우리가 제주올레 17코스를 걷고 있던 그날도 그녀는 일에 매달려 우리와 합류하지 못했다. 당시 그녀가 만들고 있던 책이 《제주올레, 박물관에서 걷다》이다. 사단법인 제주올레와 공동주최한 국립 제주박물관 특별기획전의 두툼한 도록이다.

지금 내 손 안에는 그 책이 있다. 내가 걸은 모든 올레길을 박물관의 입장에서 재해석한 책이다. 내가 무심코 지났던 그 길에서 출토되었던 항아리와 손칼 그리고 도끼를 본다. 내가 껄껄 웃으며 지나쳤던 그 길에 서려 있는 역사의 아픈 현장을 본다. 내가 콧노래를 흥얼거리며 와인을 마셨던 그 길이 옛사람들의 화첩에는 어떻게 그려져 있는지를 본다.

제주올레는 이미 하나의 트렌드가 되어 버렸다. 이 길을 다룬 책들도 이미 너무 많이 출판되어 있다. 《제주올레, 박물관에서 걷다》는 이 무차별적인 정보의 홍수 속에서 뚜렷한 자기 좌표를 갖고 굳건한 닻을 내리고 있는 보물이다. 제주도의 큰 지도를 펼쳐 놓고 보면 전체 코스의 약 4분의 3쯤 완성된 형태다. 이즈음에서 우리는 한번쯤 호흡을 가다듬을 필요가 있다. 우리가 걸은 제주올레를 보다 깊숙이 들여다보는 일이다. 이 성찰의 시간에 《제주올레, 박물관에서 걷다》는 든든한 나침반 역할을 해줄 것이다.

올레에서 올레로,
섬에서 섬으로

: 18-1코스 추자도···마흔번개를 맞이하듯

운동 부족의 사진작가, 제주올레에 빠지다

거의 50일 만에 한국으로 돌아온 김진석을 보자 어쩔 수 없이 웃음부터 터져 나왔다. 그 이전에도 결코 뚱뚱하다고는 말할 수 없는 몸매였다. 차라리 건장하다는 표현이 어울렸을 것이다. 그러나 프랑스의 생 장 피에 드 포르에서 출발하여 피레네산맥을 넘은 다음 스페인을 횡단하여 대서양과 맞닿아 있는 땅끝 마을 피니스테레까지 이르는 장장 800킬로미터의 '카미노 데 산티아고'를 걷고 돌아온 그는 삐쩍 말라 있었다. 본인 말로는 10킬로그램 가까이 살이 빠졌다는데 내가 보기에

추자도올레는 산책보다는 등산에 가깝다

는 완전히 딴 사람이다.

되짚어 볼수록 예기치 못했던 방향으로 튀어온 인연이다. 김진석은 사진기자 출신이다. 〈오마이뉴스〉와 〈여의도통신〉 시절, 그가 주로 찍어온 사진은 정치부나 사회부 혹은 체육부에서 필요로 하는 것들이었다. 대개 죽치고 앉아서 셔터 타임을 기다리거나 아스팔트 위를 누비며 카메라를 휘두르는 식이다.

그런 그가 나 때문에 제주올레를 걷기 시작했다. 나는 그가 처음으로 카메라를 들고 제주올레를 걷던 날을 똑똑히 기억한다. 너무 힘들어 당장이라도 카메라를 집어던지고 싶어 하는 표정이었다. 이 '운동부족'의 사진작가에게 '걷는 맛'을 일깨워준 것이 바로 제주올레다. 제주올레를 서너 코스쯤 끝낸 어느 날, 그가 넌지시 내게 말했다.

"걷는 거 정말 좋은데요? 좀 더 멀고 긴 코스도 한번 가보고 싶어요."

그런 그에게 바람을 잔뜩 넣어 '카미노 데 산티아고'에 함께 가자고 꼬드긴 인간이 바로 나다. 우리 둘은 금세 의기투합했고 함께 걷기로 굳게 약속했다. 하지만 나는 비겁하게도 그를 배신(!)할 수밖에 없었다. 2010년 봄에 절대로 집을 비울 수 없는 비상사태가 발생했던 것이나. 솔직히 나는 내가 안 가면 그도 가지 않을 것이라 생각했다. 하지만 그는 의연히 어금니를 질끈 깨물더니 저 혼자 떠나 버리고 말았다. 놀랍기도 하고 기특하기도 하다.

사단법인 제주올레의 서명숙 이사장이 스페인의 카미노를 걸으며 제주올레를 구상했다는 것은 널리 알려진 사실이다. 카미노가 올레를 만든 셈이다. 여기 그 올레에서 처음으로 걷기 여행의 기쁨을 알게 된 한 사진작가가 있다. 그는 올레를 모두 걸은 다음 스페인으로 날아가 카미노를 걷는다. 참으로 흥미로운 인연의 꼬리물기가 아닌가? 김진석은 그 여행의 기록으로 《카미노 데 포토그래퍼》라는 책을 출간했다. 그리고 그가 카미노를 걷는 동안 새롭게 생겨난 제주올레 18-1코스를 찍기 위하여 다시 나와 함께 제주도를 찾았다.

맨얼굴의 미인, 추자도

그와 둘이서 추자도로 향하던 날은 아침부터 부슬비가 내렸다. 제주항 여객선 터미널에서 핑크돌핀호號에 몸을 싣고 눈을 감은 채 전날 마신 한라산을 달랜다. 추자항에 도착하니 부슬비는 장대비로 바뀌었다. 걷는 나는 이런 날씨도 좋아한다. 하지만 사진 찍는 그는 암담할 따름이다. 추자항에 즐비한 선술집에서 아침부터 해장술이나 마시면서 하루를 보내 볼까 했지만 일기예보를 확인해 보니 내일은 더 많은 비가 온단다. 그렇다면 별수 없다. 그냥 가는 거다. 빗줄기에 가려 리본도 화살표도 찾기가 힘들다. 물어물어 일단 최영장군 사당으로 무작정 올라가기 시작한다.

추자도는 제주도에서 가장 북서쪽에 위치한 섬이다. 하나의 섬이 아니라 상추자도, 하추자도, 추포, 황간도 등 4개의 유인도와 38개의 무인도로 이루어진 군도群島다. 한때 전남 영암군과 완도에 소속되어 있었으나 1910년부터 제주도에 편입되었고, 2006년 제주특별자치도 제 실시 이후 제주시 추자면으로 확정되었다. 그러니까 2010년은 제주도가 추자도를 식구로 맞아들인 지 꼭 100주년이 되는 해였다.

화장을 안 한 맨얼굴일지라도 미인은 미인이다. 미인은 찰나의 눈맞춤만으로도 자신의 존재를 강하게 각인시킨다. 추자도가 꼭 그랬다. 잠시 빗줄기가 가늘어졌을 때, 잠시 구름과 해무가 걷혀 그 본모습을 살짝 드러냈을 때, 추자도는 명성 그대로 빼어난 자태를 보여 주었다. 봉글레산의 정상에서, 나바론절벽에서, 그리고 저 유명한 추자등대에서 흘낏 훔쳐보듯 확인한 추자도의 모습은 비에 젖은 가슴마저 마른번개를 맞이하듯 떨리게 하기에 충분했다. 추자등대의 마당에 정성스럽게 만들어 놓은 추자도의 미니어처는 그 비경을 하늘에서 내려다보는 짜릿한 체험을 만끽할 수 있게 해주었다.

다음 여행지를 안주 삼아

움푹 파인 골짜기에 비밀스럽게 똬리를 틀고 있는 묵리마을에 이르러 캔 맥주로 목을 축인다. 김진석은 카메라에 묻은 빗방울들을 닦아내며 조심스럽게 말한다.

추자도의 골목길에서 열심히 셔터를 누르고 있는 사진작가 김진석

"솔직히 말해서 카미노보다는 올레가 훨씬 더 아름다워요."

나 역시 노가리를 뜯으며 당연하다는 듯 되받아친다.

"두말하면 잔소리지, 안 가봐도 뻔해."

김진석이 큭큭 웃으며 항변 아닌 항변을 한다.

"아니, 안 가보고 그런 소리 하시면 곤란하지요. 나 혼자 그 먼 길을 걷게 해놓고."

나는 뻔뻔스럽게 배낭을 메고 일어서며 말을 자른다.

"자, 이제 하추자도 정상까지 가보자구."

예초리 기정길은 예술이다. 제주도 본섬의 그 어떤 기정길도 여기에 비길 수 없다. 돈대산 정상에서 내려다보는 추자도는 그대로 신비의 수묵화. 안개 속에 봉긋봉긋 솟아오른 숱한 봉우리들이 여기가 제주도의 외딴 섬임을 잊게 한다. 그것은 설악산에서나 볼 수 있는 그런 천상의 풍경이다. 김진석이 탄식한다.

"아아, 날씨가 이래서 이 모든 걸 카메라에 담을 수가 없다니. 우리 프랑스에 다녀오면 여기 한번 더 와요. 추자도를 제대로 한번 찍어 보고 싶어요."

나는 그 모든 선경仙境들을 내 망막과 가슴에 담고 천천히 걸어 내려온다. 원하는 사진을 얻지 못한 사진작가는 자꾸 뒤로 처진다. 나의 뒤 저 먼 곳에서 울리는 그의 셔터 소리가 허랑하다.

추자도올레의 또 다른 매력은 그것을 '당일치기'로 해치울 수 없다는 것이다. 물론 걷기 자체는 하루에 끝난다. 하지만 아침 배를 타고 들어왔다가 저녁 배로 나갈 수는 없다. 덕분에 추자항 선술집에서 한라산을 기울이다가 허름한 민박집에서 하룻밤을 묵는 것은 선택이 아니라 필수다. 우리는 황혼의 선술집에서 다음 여행지를 안주 삼아 술을 마신다. 한 달 반 동안의 프랑스 와인·낚시 기행이다. 문득 그런 생각이 든다. 우리는 어쩌면 영원히 이렇게 떠돌게 될지도 모르겠다. 올레에서 올레로, 섬에서 섬으로.

그리고 올레는
계속된다

: 18코스 산지천~조천···마지막인 동시에 시작인 길

첫 비행기 타고 다시 훌쩍

이 책 《첫 비행기 타고 훌쩍 떠난 제주올레 트레킹》의 모든 출판 준비가 끝났다. 이제 다음 주면 햇수로 3년을 끌어오던 이 책의 긴 여정에 드디어 마침표를 찍게 된다. 하지만 인쇄기를 막 돌리려던 순간, 사단법인 제주올레에서 얄궂은 혹은 반가운 소식 하나를 전해 온다. 제주올레 18코스를 2011년 4월 23일 개장한다는 것이다. 반갑다. 본래 2010년 가을에 개장할 예정이었는데 뜻하지 않았던 구제역 파동으로 무려 반년 넘게 연기되었다가 이제야 문을 여는 것이다. 얄궂다. 김진

석과 나는 또 다시 아침 첫 비행기를 타고 훌쩍 떠나야만 하는 것이다.

아침의 제주공항에서 우리를 맞아준 것은 신명희였다. 그녀는 오늘 하루 우리와 함께 18코스를 걷기 위하여 직장에 휴가를 냈다. 선수들끼리는 합의가 빠르다. 우리는 제주 시내 시너스제주(구 아카데미극장) 앞에 있는 미풍해장국에서 아침식사를 해결하기로 전격 결정한다. 이 집 특유의 얼큰하면서도 시원한 해장국을 떠먹으며 작전을 세운다. 신명희는 우리를 산지천 입구에 떨구어 주고는 일단 귀가했다가 다시 합류하기로 한다. 차를 가지고 움직이기에는 동선이 애매할 뿐더러 허겁지겁 나오느라 짐도 제대로 못 챙겨 왔기 때문이다.

천상의 아름다움에 가려진 추악함

산지천 입구에 못 보던 표지석이 세워져 있다. 17코스의 종착점이자 18코스의 시작점에 제주올레가 새로 만들어 세운 표지석이다. 제주 올레의 상징인 파란색 간세가 그 코믹한 코를 바다 방향으로 쫑긋 세운 채 우리의 갈 길을 인도한다. 전에도 이 길을 걸었던 나는 다리를 건너 산지천 건너편으로 간다. 올레길과 평행선을 그으며 진행되는 이 길에는 제주와 산지천의 역사를 잘 보여 주는 사진이며 조형물들이 즐비해 있으니 한번쯤 걸어 보기를 권한다. 산지천 끝의 중국피난선박물

관에서 오른쪽으로 발길을 틀면 다시 제주올레 길과 합류한다.

산지천을 걸으며 예전에 이 길을 함께 걸었던 이를 추억한다. 제주 여객터미널을 지나치며 예전에 이곳에서 출발했던 추자도 여행을 떠올린다. 이제 제주의 어느 곳을 지나쳐도 살가운 추억 한 가닥쯤은 길어 올릴 수 있게 되었다. 이것 역시 제주올레의 힘이다. 사라봉 오르는 길에 접어들자 김진석의 카메라 셔터가 바삐 움직인다. 앞서 걷는 아가씨들의 늘씬한 다리가 멋진 실루엣을 만들어 주고 있었기 때문이다. 옷 입은 품새며 걷는 방향으로 보아 오늘 하루 종일 우리와 함께 갈 아가씨들인 것 같다. 사라봉 정상에서 도둑촬영(?)을 접고 간단한 수인사를 나눈 다음 아예 대놓고 카메라를 들이대기 시작한다. 뜻밖에도 두 아가씨 모두 기꺼이 모델이 되어 주겠다면서 활짝 웃어 준다.

사라봉과 별도봉은 제주시가 자랑하는 두 개의 오름이다. 오늘따라 날씨가 놀랍도록 쾌청하여 비행기가 내려앉는 제주공항과 그 너

이제 막 제주올레를 걷기 시작한 젊은 아가씨들의 환한 미소가 눈부시다

머의 끝없는 바다와 내륙 저 안쪽의 장엄한 한라산이 모두 손에 잡힐 듯 선명하다. 사라봉에서 내려오는 길에 마련되어 있는 작은 공원에서 신명희가 기다리고 있다. 그녀는 그 짧은 시간 안에 네 명으로 불어난 우리 일행을 보고 혀를 내두른다.

"아니 도대체, 두 분 선생님은, 고 짧은 시간에, 무슨 작업을 어떻게 하셨길래."

사실 작업이랄 것도 없다. 제주올레는 함께 걷는 사람들의 마음을 편안하게 무장해제시켜 준다. 우리는 신명희가 집에서 내려온 원두커피의 향기를 음미하며 말문을 튼다.

1987년생 양혜선과 1988년생 김민서는 아나운서학원 동기생들이다. 그런데 그 아나운서학원이라는 곳이 재미있다. 바로 서울 신촌에 있는 봄온아카데미였던 것이다. 봄온아카데미와 심산스쿨은 5분 거리에 있다. 게다가 그 아카데미의 원장이자 두 아가씨의 지도교수인 성연미는 한때 심산스쿨 명로진인디반의 수강생이기도 하다. 이쯤 되니 화제가 꼬리에 꼬리를 물고 이어진다. 두 아가씨 다 오늘 걷는 18코스가 생애 첫 번째의 제주올레라고 한다. 이 코스를 마지막으로 걷고 있던 우리는 온갖 잘난 체를 하며 훈수를 두느라 시간 가는 줄을 모른다.

별도봉체 갈림길을 돌아서자 모두의 입에서 탄성이 터져 나온다. 샛노란 노지(인위적으로 조성되지 않은) 유채꽃밭이 펼쳐져 있는데, 인위적으로 구획된 제주 특유의 돌담들과 어우러져 무어라 형언할 수 없는 천상의 풍경을 보여 주고 있었던 것이다. 하지만 추상의 아름다움

밑에는 현세의 추악함이 가려져 있다. 나중에야 알게 된 사실이지만 그곳이 바로 4.3사태 때 모든 마을 사람들이 몰살당한 곤을동 마을터였던 것이다. 깔깔대며 카메라 셔터를 정신없이 눌러대던 것도 잠시, 모두들 갑자기 목울대가 울컥해지며 눈시울이 뜨거워졌다. 그렇다. 제주도의 유채꽃은 단지 관광객들 사진 찍으라고 피어난 노란색의 풍경화가 아니었던 것이다.

길은 그렇게 이어진다

화북포구를 지나 별도연대를 빠져나갈 즈음 우리는 올레길을 잠시 벗어난다. 환해장성에 기대어 앉아 와인 한잔을 나누기 위해서다. 이런 종류의 봄 소풍에는 제격인 뉴질랜드 말보로산 소비뇽 블랑을 홀짝이며 걷기 혹은 산행에 대하여 이야기를 나누다 보니 뜻밖의 사실을 알게 되었다.

"저희 아버님 형제들이 모두 산행을 즐기시고, 저희 할아버지께서는 한국산악회 고문이셨어요. 덕분에 엄홍길 대장님도 잘 알고요."

한국산악회 혹은 엄홍길이라면 내게도 아주 익숙한 이름들이다.

"그럼 할아버님 성함이?"

"양 자, 두 자, 철 자 쓰세요."

나는 하마터면 와인을 마시다가 사레 걸릴 뻔 했다. 켁, 양두철 선

생님의 손녀딸이라고?

한국 등반사에서 가장 걸출한 클라이머(암벽등반가)를 꼽으라면 단연 김정태와 양두철이다. 두 사람은 일제시대의 백령회 시절부터 가장 빼어난 조선인 자일파티로 명성을 떨쳤다. 한국 암벽등반의 양대 메카라 할 수 있는 인수봉과 선인봉에는 이 두 사람이 개척한 바윗길들이 시전으로 널려 있다. 양두철 선생의 맏아들 양건웅 역시 당대를 대표하는 클라이머였다. 양혜선은 내가 그 집안의 바위내력(!)을 줄줄이 주워섬기자 오히려 당황하는 눈치였다. 아마 그녀도 자신의 큰 아버지와 할아버지가 그렇게 위대한 등반가였다는 사실을 잘 알고 있지 못했을 것이다.

결론부터 이야기하자면 너무 기분 좋았다. 한국 등반사에 굵은 글씨로 자신의 이름을 아로새긴 인물의 손녀딸이 제주올레를 걷고 있다. 아마도 그녀는 자신의 할아버지 세대처럼 혹은 아버지 세대처럼 험준한 바위에 매달려 길을 찾지는 않을 것이다. 수직의 바위에서 길을 내던 시대는 가고 이제 수평의 대지에서 길을 걷는 시대가 온 것일까? 아무래도 좋다. 그렇게 세대를 거듭하며 우리는 나아가고 있다. 길은 그렇게 이어진다. 세대는 그렇게 연결된다. 제주올레는 그렇게 계속된다. 환해장성에 등을 기대고 눈앞에 펼쳐진 한라산을 우러러 보며 젊은 세대들과 더불어 기분 좋게 와인 한잔을 나누던 이날의 기억은 오래도록 내 가슴에 남아 있을 것이다.

새로운 시작

제주올레 18코스는 솔직히 기대 이상이었다. 제주시를 통과할 수밖에 없는 코스여서 그다지 기대하지 않았던 것이 사실이었는데, 실제로 걸어본 소감은 누구에게라도 자신 있게 추천할 만한 코스라는 것이다. 삼양 검은모래해변을 지나 들어서게 되는 신촌 가는 옛길은 제주올레의 존재 이유를 온몸으로 웅변한다. 18코스의 끝이 제주에서 일어난 3.1만세운동의 시발점이었던 만세동산이라는 것도 아주 마음에 든

다. 청삼(해삼의 일종)에 한라산으로 시작한 낮술이 코스를 마무리한 다음의 저녁 술자리까지 이어진 것도 당연하다.

　내게 제주올레 18코스는 '새로운 시작'의 의미를 가진다. 이 코스를 마지막으로 이 책은 세상에 나간다. 그리고 언제나 그러하듯 내 손을 벗어난 책은 이미 내 책이 아니다. 하지만 제주올레는 계속될 것이다. 18코스를 마지막으로 걸은 우리 같은 사람들도 있지만 18코스로부터 제주올레를 시작하는 새로운 젊은이들도 있다. 그들과 함께 걸을 수 있어서 행복했다. 리쿠르트가 안 되는 모임은 조만간 고여 썩기 마련이다. 추억과 회상만으로 가득 찬 공간에서는 곰팡이 냄새가 난다. 하지만 제주올레에는 언제나 새로 시작하는 젊은이들이 있다. 그들이 꿈을 꾸고 미래를 상상하는 한, 제주올레는 영원히 계속될 것이다.

나오며
:
제주올레에 바친다

올레는 제주도에서 만들어지고 있는 어떤 길이다. 최근까지 통행이 빈번한 길도 있고, 예전에는 그러하였으나 이내 잊혀져버렸던 길도 있고, 아예 존재하지도 않았으나 새로 만들어진 길도 있다. 이 길들이 이어져 '제주올레'가 된다. 제주올레는 일단 '걸어서 제주 한 바퀴'를 목표로 계속 만들어지고 있다. 온전한 원을 그리기에는 하세월일 수도 있다. 올레는 그렇게 현재진행형의 길이다.

올레는 걷기 위한 길이다. 자동차를 타고 달리기 위한 길이 아니라는 뜻이다. 올레를 걷는 목표는 그 자체에 있다. 다시 말해 '걷기 위해 걷는' 길이다. 언뜻 무의미한 동어반복처럼 들리는 이 명제 안에 그러

나 올레의 혁명성이 있다. 올레는 전쟁을 준비하며 정찰 삼아 뚫어 놓은 길이 아니다. 경제적 이익을 가늠하여 만든 길도 아니다. 하물며 종교적 이유로 생겨난 길도 아니다. 심지어 체력단련을 위해 낸 길조차도 아니다.

걷기 위해 걷는다. 이 단순한 명제 안에 올레의 아름다움이 있다. 신자유주의가 세계를 제패하고 있는 이즈음 우리의 시대정신은 속도와 실용만을 최선의 가치로 내세운다. 올레의 무용無用함은 바로 이러한 시대정신에 대한 작지만 유쾌한 반란이다. 모두가 더 빠른 속도와 더 많은 이윤을 추구하기 위하여 두 눈에 불을 켜고 미쳐 날뛰고 있는

데 마치 자신만은 그런 세상사와는 무관하다는 듯 '느릿느릿 하릴없이' 올레를 걷는 사람들이 있다. 이 책은 그 길과 사람들에 대한 이야기다.

올레는 마을과 집을 잇는 작은 길이다. 집 뒤란의 장독대로부터 마을 어귀의 밭고랑까지를 잇는 그런 개인적인 길이다. 집에 고립되어 있는 개인은 올레를 통하여 비로소 세상으로 나아간다. 그 길의 한쪽 끝이 내 집 마당으로 이어져 있으니 그 길의 다른 쪽 끝은 다른 사람의 집 마당으로 이어져 있으리라. 그런 뜻에서 올레는 인연이다. 우리는 올레를 통해서 다른 사람들과 관계를 맺는다.

오래전 한 시인은 이렇게 썼다. 사람들 사이에 섬이 있다. 그 섬에 가고 싶다. 나는 그 시에 빗대어 이렇게 말하련다. 사람들 사이에 길이 있다. 그 길을 걷고 싶다. 그 길이 올레다. 올레를 걸으면서 생각한다. 참으로 복잡하게 얽힌 인연의 실타래가 나를 이 길로 인도했구나. 올레를 걸으며 맺어진 새로운 인연들을 생각한다. 우리가 걷는 이 길이 새로운 인연을 만들어내고, 그 인연을 따라 걷다보니 몰랐던 사람을 알게 되는구나. 비로소 '사람'을 만나게 되는구나.

이 책이 쓰이게 된 배경 또한 그러하다. 처음에는 그저 걸으려 했을 뿐이다. 그런데 걷다 보니 길동무가 생겼다. 그와 다정하되 무의미한 이야기들을 두런두런 나누며 걷다 보니 전에는 안 보이던 길이 눈앞에 펼쳐지기 시작했다. 처음 보는 길은 언제나 매력적이다. 저 모퉁이를 돌면 어떤 길이 펼쳐질까 궁금해진다. 이른바 '블라인드 코너blind corner'다. 모든 블라인드 코너는 두려움과 동시에 설렘을 안겨다 준다. 그러나 이 책을 쓰기로 결심하던 바로 그 순간에는 일말의 두려움도 느낄 수 없었다. 오직 야릇한 설렘만이 오롯이 피어났을 뿐이다.

내가 이렇게 무작정 혹은 다짜고짜 어떤 책을 쓰겠노라고 나선 것은 이번이 처음이다. 우스꽝스러운 고백이 되겠지만 나 자신조차 의아해하고 있다. 최근 몇 년간 글쓰기라면 지레 손사래부터 처대며 넌덜머리를 내고 있던 참이다. 그런데 올레에 대해서는 써보고 싶었다. 무슨 내용을 어떻게 쓸지 아무 계획도 없었지만 그냥 써질 것 같았다. 달리 설명할 길이 없다. 인연이다. 올레를 걸으면서도 취재를 한다는 생각 따위는 단 한 순간도 해본 적이 없다. 그저 휘파람이나 불고 와인이나 홀짝이며 터덜터덜 걸었을 뿐이다. 근심 걱정을 혹은 숙제를 짊어지고 올레를 걷는다면 안 걷느니만 못하다. 올레는 그냥 걸으면 된다. 즐기면 그만이다. 올레에 대한 글 역시 그러해야 된다는 것이 내 생각이다.

때로는 이런저런 상념에 잠기기도 했지만 대부분 아무 생각 없이 그냥 걸었다. 그냥 하릴없이 걷는 그 길은 축복이었다. 이제 걷기를 잠시 멈추고 글을 쓰기 위하여 책상 앞에 앉았다. 어떤 글을 쓸 것인가 걱정하지 않으련다. 다만 한 가지는 분명하다. 이 책이 제주올레 코스 안내집 같은 것이 되지는 않을 것이다. 그런 정보들은 사단법인 제주올레 홈페이지에 접속하면 언제든 손쉽게 구할 수 있다. 똑같은 이야기를 매체만 달리하여 반복하는 것은 물자와 시간과 노력의 낭비일 뿐이다.

    나는 길에 대해서 이야기하고 싶다. 나는 걷기에 대해서 이야기하고 싶다. 물론 제주올레에 대해서도 하고 싶은 이야기가 너무 많다. 올레에서 만난 사람들과의 인연에 대해서도 기록해 두고 싶다. 올레는 그러므로 이 책의 화두다. 나는 올레를 화두 삼아 길과 걷기와 사람과 삶에 대하여 이야기를 나누고 싶다. 그 이야기를 통하여 당신에게 가 닿고 싶다. 이 책은 당신에게 가 닿고 싶어 내가 만든 작은 고샅길이다. 당신이 속도와 정보와 이윤을 추구한다면 이 책은 무용지물이 될 것이다. 이 책은 내가 당신과 인연을 맺고 싶어 글로 만들어낸 작은 올레다.

첫 비행기 타고 훌쩍 떠난 제주올레 트레킹

초판 1쇄 발행 | 2011년 6월 10일

지은이	심산스쿨
책임편집	정인화
디자인	최선영·장혜림
펴낸곳	바다출판사
발행인	김인호
주소	서울시 마포구 서교동 398-1 창평빌딩 3층
전화	322-3885(편집), 322-3575(마케팅부)
팩스	322-3858
E-mail	badabooks@gmail.com
홈페이지	www.badabooks.co.kr
출판등록일	1996년 5월 8일
등록번호	제 10-1288호

ISBN 978-89-5561-610-1(13980)

이 도서의 국립중앙도서관 출판시도서목록(CIP)은 e-CIP홈페이지(http://www.nl.go.kr/ecip)와
국가자료공동목록시스템(http://www.nl.go.kr/kolisnet)에서 이용하실 수 있습니다.(CIP제어번호: CIP2011001907)